全国社会组织教育培训基地（安徽师范大学）
系列研究丛书

徐　彬◎主编

社会组织的内部管理方法

何　晔◎著

安徽师范大学出版社
ANHUI NORMAL UNIVERSITY PRESS
· 芜湖 ·

图书在版编目(CIP)数据

社会组织的内部管理方法 / 何晔著 . —芜湖 :安徽师范大学出版社,2022.1
(全国社会组织教育培训基地(安徽师范大学)系列研究丛书)
ISBN 978-7-5676-4894-4

Ⅰ. ①社… Ⅱ. ①何… Ⅲ. ①社会组织管理 - 研究 - 中国 Ⅳ. ①C916.1

中国版本图书馆CIP数据核字(2021)第270724号

社会组织的内部管理方法 何 晔◎著

SHEHUI ZUZHI DE NEIBU GUANLI FANGFA

责任编辑:陈贻云 责任校对:刘 翠
装帧设计:张 玲 责任印制:桑国磊
出版发行:安徽师范大学出版社
芜湖市北京东路1号安徽师范大学赭山校区
网 址:http://www.ahnupress.com/
发 行 部:0553-3883578 5910327 5910310(传真)
印 刷:江苏凤凰数码印务有限公司
版 次:2022年1月第1版
印 次:2022年1月第1次印刷
规 格:700 mm × 1000 mm 1/16
印 张:11.25
字 数:177千字
书 号:ISBN 978-7-5676-4894-4
定 价:46.80元

总　序

随着全面深化改革的推进和社会主义市场经济的发展，以社会团体、基金会和民办非企业单位（社会服务机构）为主体组成的社会组织发展越来越迅速，对全社会的服务作用也越来越大，在促进经济发展、繁荣社会事业、创新社会治理、扩大对外交往等方面发挥了积极作用。党的十八大和十八届二中、三中、四中、五中全会都明确强调，社会组织建设和发展具有重要的时代意义和战略意义，是加快转变政府职能、创新国家治理体系、提升社会治理能力、改善公共服务供给的基础性条件，至为关键。各级党委和政府也十分注重社会组织建设，明确了社会组织管理体制的发展目标，推动了社会组织管理制度改革，优化了社会组织发展环境，促进了社会组织健康有序发展，激发了社会组织活力。在某种程度上可以说，社会组织已经成为名副其实的社会主义现代化建设的重要力量。

安徽师范大学历史学院一直秉持“顶天立地”的研究理念，既把握国际国内学术前沿，展开理论研究，又有强烈的现实关切，立足实践研究。正是在这种理念的指导下，我们紧扣社会组织建设与发展实践，于2009年起开始组建“社会组织研究团队”。经过几年的建设，该研究团队已汇聚了十余名年富力强的学术骨干。研究范围涉及社会组织的方方面面，既有理论研究又有对策研究；既有社会组织的历史发展研究又有社会组织的当代实践研究；既有社会组织管理体制改革、管理实践创新和宏观政策体系研究，也有社会组织内部建设、内部治理和工作案例研究。成立以来，该研究团队承担了各级各类研究项目50余项，出版、发表学术成果100余部

（篇）。2016年，在该研究团队的支撑下，安徽师范大学成功获批首批“全国社会组织教育培训基地”（全国首批仅获批19家）。

本丛书是安徽师范大学“社会组织研究团队”的最新系列成果，具有如下三个突出特点。

一是时代性。各作者紧密结合“政社分开、权责明确、依法自治的现代社会组织体制”这一大背景，以国家治理体系和治理能力的现代属性为依据，选择具体论题展开理论研究、提出咨政建议。在研究过程中，注重深入归纳、总结与提炼社会组织建设与发展的先进经验，展望社会组织的现代化发展愿景。这使得本丛书既凸显了时代针对性，又体现了时代创新性。

二是本土性。本丛书严格依循“中国视角”，从本土化的社会组织建设“热点”中选择研究主题，以中国社会组织实践为研究素材，以中国社会组织内部治理为研究案例，以中国社会组织的现代化发展为着眼点，以服务于中国的社会组织发展为宗旨。

三是开放性。本丛书是“开放”的，它立足于全国社会组织教育培训基地（安徽师范大学）这个平台，设计了多个专题研究方向，但丛书包含的具体研究成果并没有限定在固定的数量之内。随着社会组织建设与发展实践的持续推进以及该团队学术研究的进一步深化，我们还会持续地推出新的成果。

我们殷切希望学界和业界专家、读者就本丛书的研究主题、研究方法、研究思路、研究内容、研究结论和咨政建议等提出建设性的意见和建议，以便我们进一步改进。

全国社会组织教育培训基地（安徽师范大学）系列研究丛书 主编

安徽师范大学科研处处长、教授、博导

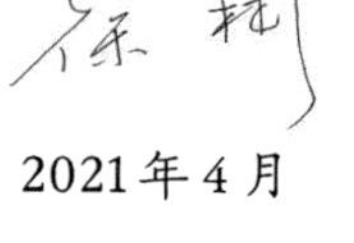

2021年4月

目 录

导　论

一、社会组织的内部管理方法为什么重要

“工欲善其事，必先利其器。”社会组织是推动经济社会发展的基本力量，国家治理体系和治理能力现代化目标的实现需要现代社会组织的积极培育和充分发展。内部治理结构和治理能力是衡量社会组织现代化的基本维度，而管理方法又是决定社会组织内部治理能力的核心要素①。社会组织在运营和提供服务的过程中，需要先进的、契合新时代需要的管理理念，但管理的实践性和应用性更需要管理方法作为支撑。“取法于上，仅得为中；取法于中，故为其下。”因此可以说，善于选取和运用现代管理方法是社会组织管理者应该具备的素养，愿意学习、掌握和运用现代管理方法是社会组织管理者应具备的理念。

第一，社会组织管理者需要掌握现代管理方法。社会组织需要有德性的管理者，同时也需要有方法的管理者，德性和方法是我们对社会组织管理者的双重期待。社会组织管理者如果单纯地强调方法，就会因无视德性而面临合法性危机，会对社会组织的公共性造成侵蚀；相反，如果社会组

① 就目前而言，学界对社会组织与政府的关系、社会组织党建、社会组织治理结构、社会组织建设与培育政策等比较重视，对社会组织内部管理方法的关注则相对不足。这也是本书的写作缘由之一。

织管理者单纯地偏爱德性，就会因缺少管理技术而无法高效配置公共资源、提供社会服务，也就无法有效实现组织目标，进而消解其存在的基础。社会组织作为一种组织形态，其管理与运行需要提高目标和手段之间关系的“理性化”水平，管理方法正是联结目标和手段的重要因素。目前，我们常常强调社会组织的公共性（即德性），而忽视了使命优先的社会组织需要以内部管理现代化作为支撑条件。因此，强调管理方法的运用和社会组织运行的理性化是必要的。

第二，社会组织所处功能领域要求其充分运用现代管理方法。在某种程度上可以说，社会组织内部管理与企业管理有相通之处，都需要科学和理性。但两者的差别也十分明显。企业管理以利润为取向，旨在通过环境适应和资源配置，实现收益大于成本的管理目标。而社会组织属于公共组织，除了关注内部治理之外，还需关注公共治理和公共事务，参与公共问题的处理和公共服务的生产递送，这更加要求社会组织管理者找到并娴熟地运用现代管理原理与技术。而掌握和运用这些现代管理原理与技术，就需要从方法开始，以方法为基础。

第三，对管理方法的强调是加强社会组织建设的关键。从发展情况看，我国社会组织发展较晚、发展水平较低。我国1989年和1998年颁布的相关法规都对社会组织的建设与发展持谨慎态度，通过双重管理体制、限制竞争体制等抬高了社会组织的发展“门槛”[①]。直到2013年，党的十八届三中全会通过的《中共中央关于全面深化改革若干重大问题的决定》明确指出：重点培育和优先发展行业协会商会类、科技类、公益慈善类、城乡社区服务类等四类社会组织，成立时直接依法申请登记。在此背景下，社会组织的发展才开始加速，社会组织的发展定位也从“利益主体”转向“服务主体”。与此相关的政府购买服务、“三社联动”等开始推进，社会组织有了越来越大的功能空间和资源空间。但功能空间和资源空间都属于外部环境的范畴，社会组织能否真正担负起服务功能、有效配置相关

① 徐家良等:《新时期中国社会组织建设研究》,中国社会科学出版社2016年版,第8—9页。

资源、适应政府职能转移，都需要通过其内部管理水平来回答。换言之，社会组织要在多元共治格局中担负其应有的职责，扮演起善治所期待的角色，都需实现其内部治理的现代化①。因此，社会组织管理者对现代管理方法与技术的掌握就显得尤为重要。

二、选择社会组织内部管理方法的基本标准

《现代汉语词典》是这样解释“方法”的：“关于解决思想、说话、行动等问题的门路、程序等。”②由此可以引申：方法可被视为为了达到某种目的而采取的途径、实施的步骤、利用的手段、使用的工具等，也可被视为对某种自然规律、社会发展规律的遵循与利用，还可被视为对某种科学技术的使用和推广等。在广义上，方法可以被分为方法论、一般方法和具体操作技术这三个层面③。因此，社会组织内部管理方法有很多。如果从最抽象的角度看，我们只需要学习和掌握一些方法论即可，但其在社会组织管理中的应用性和实践性较差；如果从最具体的角度看，则需要社会组织管理者学习掌握数不胜数的方法（如解决某个矛盾的方法、安装电脑软件的方法、处理WORD文档的方法、打开瓶盖的方法），这显然十分烦琐，也没有必要，因为很多具体的方法并没有推广的价值。那么，如何选择社会组织内部管理方法来进行阐释呢？本书主要遵循如下几条标准。

第一，选择被普遍认可的成形的管理方法，而不是某个管理实践中的具体方法。诸如头脑风暴法、德尔菲法、SWOT分析法等，都已被学界和实务界普遍认可，且它们的步骤、应用背景、使用原则等已被系统全面地阐释。当我们提到这些方法时，其内涵和应用也便浮现于脑海，不同的人对其内涵和应用的认知也不会有明显的差别。此类方法便属于本书所讨论

① 王名等:《中国社会组织:1978～2018》,社会科学文献出版社2018年版,第113—115页。

② 中国社会科学院语言研究所词典编辑室:《现代汉语词典》(第7版),商务印书馆2016年版,第366页。

③ 魏娜:《公共管理的方法与技术》(第二版),中国人民大学出版社2011年版,第一版编者说明第I页。

的范畴。相反，社会组织管理者在处理某一问题时采用了某种方法（在本质上就是一种普通的做法），比如，通过“找熟人”的方式为所在组织争取到资源，通过“私下接触”的方法解决了某两个工作人员的矛盾等，这些的确是方法，且在某些情境中可以发挥作用，但其过于具体，且未被学界和实务界以系统的方式予以阐释。因此，它们不在本书所选之列。

第二，选择社会性的管理方法，而不是自然科学范畴内的科学技术及其应用。比如，互联网、物联网等现代信息技术对于社会组织内部管理有着重要的作用，都属于科学技术在社会组织管理实践中的应用，它们无疑构成了社会组织管理不可或缺的方法和技术，社会组织管理也需要充分运用现代科学技术，但是它们并不在本书的备选方法之列。一方面，如果将科学技术及其应用纳入本书的论述范畴，将十分烦琐，无法穷尽；另一方面，科学技术涉及理工农医等各个学科，这也不是社会组织实践者能够全部掌握和驾驭的。因此，本书选取涉及管理流程再造、人际关系协调等方面的社会性方法予以阐释。

第三，选择具有推广性的一般方法，而不包括方法论。具有推广性的一般方法虽然也具有情境适应性，但是其具有可复制性，能够在适合的情境中发挥积极作用。因此，我们以一般方法为论述对象。相反，方法论（如唯物辩证法等）虽然十分重要，且应用范围很广，但是其太过宏观，可操作性差，不在本书的选择之列。

第四，选择社会组织内部管理所需要的方法。一方面，本书的分析对象是社会组织内部管理方法，而不是党和政府管理社会组织所使用的方法①。另一方面，本书以社会组织的内部管理需求为导向。在调研过程中，经常有社会组织管理者询问笔者：社会组织如何确定自己的使命，如何制定组织发展战略和规划，如何发现和确定新的发展方向，如何创新，如何设定和执行年度计划，如何设计服务项目及其实施方案，如何提高组织运行绩效，如何实施内部控制，等等。“文章合为时而著，歌诗合为事而

① 社会组织具有独立性和自主性，这是现代公共治理体系所要求的。但这并不意味着社会组织是绝对自治的，其需要遵守法律法规，也必须接受党和政府的依法监管。

作”，本书旨在回应社会组织内部管理与发展所遇到的现实问题，以社会组织管理实践问题作为选择分析对象的依据。希望通过本书所选择的管理方法，来帮助社会组织管理者有效应对实践中所遇到的问题和困境。

三、如何阐释每一个内部管理方法

按照学习思维习惯，本书通过三个层面来介绍每一种方法。

第一，问题意识层面。通过“缘起”部分，首先提出社会组织管理实践中所面临的问题，既启发和引起社会组织管理者的思考，又为社会组织管理者选择使用具体的方法提供指引。然后，提出解决这些问题的具体方法，并对该方法进行概括性的介绍。

第二，方法介绍层面。通过“应用”部分，细致全面地介绍每一个方法的作用机理、应用程序、注意要点、适用范围等。必要时，辅以案例来具体说明。这一部分主要以方法的操作应用为中心，既便于社会组织管理者了解每一个管理方法，又便于社会组织管理者在实践中选择和运用该方法。

第三，方法评价层面。通过“评价”部分，对特定方法的优劣予以阐释，使社会组织管理者更加辩证、全面地了解该方法。任何方法都能够在特定情境下发挥作用，但就整个社会组织内部管理而言，每一个管理方法只能解决部分问题。因此，既要了解每一个管理方法的适用情境和优长之处，又要掌握每一个方法的不足，便于社会组织管理者在运用该方法时予以注意。

在这里顺便说明一下，本书共阐释了18个管理方法（第一章至第十八章）。虽然实践中可以综合运用两个及两个以上的管理方法，但每个管理方法都是独立的，因此各章之间是并列关系。依据每一个管理方法所针对的实践情境，可以将这些方法分为三大类：一是社会组织战略规划制定和决策常用方法，包括SWOT分析法、是/非矩阵分析法、头脑风暴法、方案前提分析法、模拟决策法和德尔菲法；二是社会组织计划制定和执行常用方法，包括甘特图法、滚动计划法、目标管理法、标杆管理法和项目管理法；三是社会组织控制和评估常用方法，包括全面质量管理法、关联图法、程序控制法、预算控制法、多指标综合评价法、列举法和鱼骨图法。因此，本书又可分为三编，分别对应上述三类方法。

第一编

社会组织战略规划制定和决策常用方法

第一章　SWOT分析法

一、缘起

（一）如何制定发展战略和规划

在日常的调研过程中，我们经常遇到社会组织管理者提出这样的困惑：其所在的社会组织遇到了发展瓶颈，不知道如何进一步发展。解决这一问题，在本质上就是为社会组织寻找新的发展方向，制定适合该社会组织的发展战略，形成新的发展规划。具体包括：重新确定组织的使命与愿景，重新制定组织的长远发展战略、服务产品创新与营销战略、管理创新战略、资金发展战略、品牌战略等。发展战略和规划的制定，能够帮助社会组织确定目标、明确组织未来的行动方向、清晰地界定客户定位和产品定位、形成并采取正确的行动计划、提升组织的社会认知度和公信力[①]。可以说，发展战略和规划的制定是社会组织管理者的核心任务，是社会组织内部治理的头等大事[②]；同时，制定发展战略和规划也是社会组织适应外部环境的基本举措，组织管理在很多时候被视作为确保组织存续、适应

① 徐本亮：《社会组织管理精要十五讲》，上海社会科学院出版社2018年版，第19—22页。

② 民政部社会组织服务中心：《社会组织治理实务操作手册》，中国社会出版社2019年版，第81页。

外部变化而实施的内部整合和重塑过程[①]。

哪种方法可以帮助社会组织管理者较好地制定发展战略和规划呢？

（二）如何应对外部竞争

在社会组织管理实践中，需要随时随地应对来自外部的竞争和挑战。比如，政府服务购买项目和公益创投项目的竞争性申报，优秀人才资源的竞争，服务产品及其市场竞争，等等。

那么，如何在竞争中脱颖而出？如何分析和比较竞争对手与自身的情况，进而设计出彰显自身优势、具有竞争力的方案？

（三）如何评估行动方案

美国著名管理学家赫伯特·A.西蒙指出："管理过程就是决策过程。"[②]组织管理就是由一个一个的决策活动构成的，本质上就是对一个一个的行动方案进行评估和选择[③]。从这个角度看，社会组织的日常管理就是不断地制定、评估和选择行动方案。这就需要我们回答：在评价行动方案时要从哪些要素着手？哪种管理方法对方案评价所针对的要素选择具有有益启示，可以提高评价要素选择的针对性和有效性？

SWOT分析法有助于解决上述问题。"SWOT分析法常常被用于制定公司发展战略和分析竞争对手情况，在战略分析中，它是最常见的方法之一。"[④]SWOT分析法又称态势分析法、自我诊断法，产生于20世纪80年代。其主要的关注点有四个——组织的内部优势（Strength）、内部劣势（Weakness）、外部机会（Opportunity）和外部威胁（Threat），故称"SWOT分析法"。

---

① [美]埃德加·沙因:《组织文化与领导力》,马红宇、王斌等译,中国人民大学出版社2011年版,第65页。

② [美]赫伯特·A.西蒙:《管理行为》,詹正茂译,机械工业出版社2011年版,第6页。

③ 朱国云:《组织理论:历史与流派》(第二版),南京大学出版社2014年版,第188—189页。

④ 西武:《管理方法:100年来最具影响力的28个经典法则》,电子工业出版社2013年版,第145页。

二、应用

（一）SWOT分析法的作用机理

第一，社会组织是一种开放系统，需要兼顾内外平衡。社会组织虽然有自己的内在边界，但其有个固有特性——具有开放性，是一个开放系统①。一方面，社会组织要与外部环境进行各种各样的交换，与外部环境存在相互依赖的关系，离开外部环境，社会组织将无法有效有序运行。另一方面，社会组织在自我调节的同时，需要将眼睛朝向外部，以适应外部的发展和变化，在这种适应的过程中找到自己的发展方向、确定自己的行动策略。如果一个社会组织不能通过自我调节来适应外部变化，其将无法存活，更谈不上可持续发展。SWOT分析法的本质要义就在于兼顾社会组织的内部和外部，既要分析内部的优势和劣势，又要判断外部的机会和威胁，依据内外两个维度形成的四象限矩阵作出决定。

第二，社会组织管理需要在"适应性"中寻找发展思路。"夫物之不齐，物之情也。"社会组织之间存在千差万别，发展思路的寻找与确定不能千篇一律。"适合的才是最好的"，一个社会组织采用的发展战略、实施的行动方案不一定适合另一个社会组织。若不适当地移植其他社会组织的管理模式和运营方案，不但不能有效解决本社会组织所面临的实践问题，而且可能导致本社会组织走向衰败。因此，如何找到适合自己的发展思路，对于社会组织管理而言就显得十分重要。SWOT分析法秉持的就是这样的前提假设——研判社会组织内部的特殊性（优势或劣势）、考量社会组织外部的特点（机会或威胁），据此设计适合自己的行动方案、作出适合自己的决定。

第三，社会组织管理需要充分了解自己和竞争对手。《孙子·谋攻篇》

① [美]W.理查德·斯科特、杰拉尔德·F.戴维斯：《组织理论：理性、自然与开放系统的视角》，高俊山译，中国人民大学出版社2011年版，第100—101页。

中有一句非常重要的话："知己知彼，百战不殆；不知彼而知己，一胜一负；不知彼，不知己，每战必殆。"在社会组织的管理实践中，既需要了解自己，又需要掌握竞争对手的信息，在进行优势和劣势比较研判的基础上才能确定行动策略，获得竞争优势，尽可能大地拓展本社会组织的发展空间。发现自己、发现知识是管理者必备的学习技能[①]。SWOT分析法即秉持这种"知己知彼"的管理思维，并在兼顾外部环境和内部特性的基础上为社会组织管理者提出具体的应对策略。

第四，社会组织管理需要通过S—W—O—T四象限矩阵分析获得决策依据。SWOT分析法的核心内容就是依据S—W—O—T四个要素构成的矩阵来确定行动方案。如图1-1所示：纵轴表示本社会组织所面临的外部环境，自下而上环境越来越好；横轴表示本社会组织的内部情形，自左至右内部优势越来越明显。这样就形成了以下四种情形。

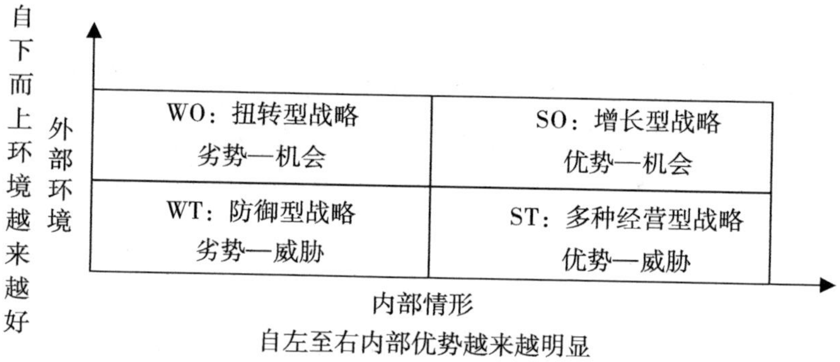

图1-1　SWOT分析矩阵

一是内部优势+外部机会（SO），从内部看本社会组织具有相对优势，从外部看拥有有利的发展机会。在这种情况下，宜采用增长型战略，利用优势、抓住机遇，实现本组织的大跨步发展。比如，某社会组织在居家养老服务方面有充足的人力资源和较强的品牌竞争力，且外部竞争对手数量较少，所在城市民政部门也在大力推进居家养老服务，此时该社会组织就应该乘势而上，承接更多社区日间照料中心的运营项目，扩大服务覆盖

①［美］理查德·L.达夫特、多萝西·马西克：《管理技能构建：行动为先的方法》，张秀萍、程立茹、刘淑芹等译，清华大学出版社2015年版，第13页。

面，奠定自己在该市居家养老服务市场的“领头羊”地位。与此同时，该社会组织还应该积极探索居家养老服务标准、社区日间照料中心建设标准等，巩固自己的行业引领地位。

二是内部劣势 + 外部机会（WO），从内部看本社会组织处于相对劣势地位，从外部看拥有有利的发展机会。在这种情况下，宜采用扭转型战略，尽管组织内部优势不足，发展滞后，但可以抓住有利机遇，利用外部支持性的环境，获得资源、求得空间，实现组织的发展，扭转组织劣势的境况。比如，某社会组织人力资源并不丰富，运作能力也一般，且外部存在强有力的竞争对手，但其所在城市民政部门大力推进居家养老服务，社区日间照料中心的建设速度也很快，此时该社会组织便可利用这一有利机会，尽可能地承接一些社区日间照料中心的运营项目，在这一过程中获得资源支持和发展空间，逐步壮大自己。

三是内部优势 + 外部威胁（ST），从内部看本社会组织处于相对优势地位，从外部看处于不利境遇，且面临诸多环境威胁和竞争挑战。在这种情况下，宜采用多种经营型战略，利用组织的内部优势去开拓新的发展空间，通过多种经营实现多点开花，分散外部威胁和挑战带来的不利影响。或者通过重新整合组织资源来形成新的竞争优势，以“强大的自己”将威胁转化为机会，达到“东方不亮西方亮”的效果。比如，某社会组织内部人力资源数量较多，运作能力较强，以前将主要业务置于社区居家养老服务领域。但目前居家养老服务领域面临巨大竞争，以居家养老服务为市场定位的社会组织越来越多，其面临着资源空间和功能空间被大幅压缩的境况，发展空间越来越小。此时，该社会组织就没有必要坚守居家养老服务这一发展方向，而应该利用自己的人力资源优势去开拓其他服务市场，比如特困老人救助、留守儿童帮扶、基层文化服务等。以这种转换发展方向的方式，构建新的生存空间和发展空间。

四是内部劣势 + 外部威胁（WT），从内部看本组织处于竞争劣势，从外部看缺少支持性的发展环境。在这种情况下，宜采取防御型战略，尽可能地集中内部资源，形成局部竞争优势，在不利的环境中获取生存和发展机会。比如，某社会组织的主要业务是运营社区日间照料中心，但组织规模较小、人才专业性不足，缺乏竞争力；同时，其所在城市财政困难，对社区居家养老服务的购买力度日趋变小。在这种内外交困的情况下，该社会组织就应该适度紧缩服务范围、缩减组织支出成本，集中精力运营有限的社区日间照料中心，以维持组织生存，等待外部环境向好，逐步发展自身。在这种情况下，如果采用增长型战略，结果极可能适得其反。

（二）SWOT分析法的应用程序

应用SWOT分析法，一般可遵循四个步骤（如图1-2所示）。

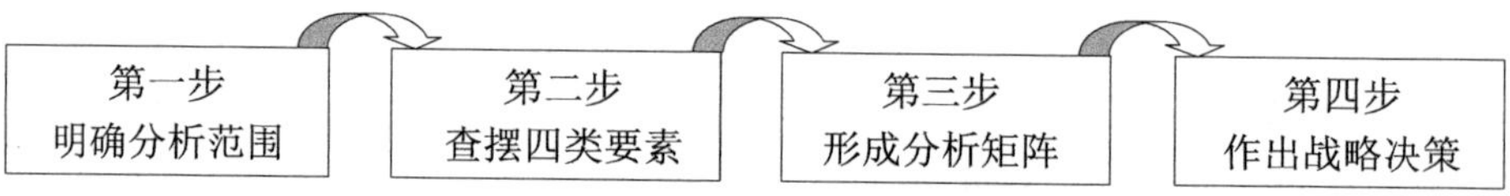

图1-2　SWOT分析法的应用程序

第一步，明确分析范围。无论是社会组织的内部情形，还是其所面临的外部环境，只有在既定的范围内才能展开分析。但有一点不能忽视，即分析范围具有很大的弹性：可能是全部社会组织，也可能是同类社会组织；可能涉及不同的区域范围，如全国、本省、本市和本县；可能覆盖不同的服务领域，如养老服务、留守儿童服务、企业社会工作、社区营造、智库服务等。在不同的范围内，分析结果常常会存在差异。例如，某社会组织在社区养老服务方面可能具有优势，而在企业社会工作领域则处于劣势；在留守儿童服务方面存在外部机会，而在智库服务方面则面临较大挑战。总之，应用SWOT分析法的第一步就是框定分析范围，这是保证分析结果有效的前提。

第二步，查摆四类要素。在框定了分析范围之后，就要分别从内部和外部两个维度着手，细致、系统地查摆优势、劣势、机会和威胁这四类要素。

第三步，形成分析矩阵。将优势、劣势、机会和威胁等四类要素集中在一起进行对比，全面衡量，最终形成分析矩阵，明确社会组织属于内部优势+外部机会（SO）、内部劣势+外部机会（WO）、内部优势+外部威胁（ST）和内部劣势+外部威胁（WT）四种情形中的哪一种（详见图1-1）。

第四步，作出战略决策。根据S—W—O—T四象限矩阵分析，确定战略决策。在这一过程中遵循的基本思路是：充分发挥组织的内部优势，克服（规避）组织的内部劣势；利用组织的外部机会，化解（规避）组织的外部威胁（如表1-1所示）。

表1-1　社会组织SWOT分析决策

<table>
<tr><td>编号</td><td>战略方向</td><td>优势（S）</td><td>劣势（W）</td><td>机会（O）</td><td>威胁（T）</td></tr>
<tr><td>1</td><td></td><td></td><td></td><td></td><td></td></tr>
<tr><td>2</td><td></td><td></td><td></td><td></td><td></td></tr>
<tr><td>3</td><td></td><td></td><td></td><td></td><td></td></tr>
<tr><td rowspan="3">战略制定</td><td></td><td colspan="2">优势（S）</td><td colspan="2">劣势（W）</td></tr>
<tr><td>机会（O）</td><td colspan="2">A（利用这些因素，
增长型战略）</td><td colspan="2">B（改进这些因素，
扭转型战略）</td></tr>
<tr><td>威胁（T）</td><td colspan="2">C（监控这些因素，
多种经营型战略）</td><td colspan="2">D（消除这些因素，
防御型战略）</td></tr>
<tr><td>本表使用方法</td><td colspan="5">（1）明确情势。本表上半部分，填写战略方向及本社会组织在此方向内各种因素的SWOT分析结果，即SWOT的具体情形和内容（可根据本社会组织的具体情况增加或减少表格行数）。
（2）确定战略方向。根据SWOT分析结果，填写本社会组织在这一方向内的发展战略。例如，外部机会较大且本社会组织在这一方面拥有优势或优势大于劣势，应采用A（增长型战略），以此类推。
（3）设计方案。根据战略类型确定的结果，将发展方向的代号（A、B、C、D）填入相应的区域中，并根据代号对应的提示语设计具体行动方案</td></tr>
<tr><td>形成多种战略类型</td><td colspan="5">A：增长型战略——本社会组织在这一发展方向具有优势且存在进取机会，应将发展重点放于该发展方向，并进行重点扩张。
B：扭转型战略——本社会组织在这一发展方向不具备竞争优势，但是该发展方向存在巨大机会，应采取转变原有策略的方式。
C：多种经营型战略——本社会组织在这一发展方向具备竞争优势，但其在该发展方向上面临竞争威胁，应采取多种经营型战略，以分散威胁。
D：防御型战略——本社会组织在这一发展方向上既不具备竞争优势，又存在较大竞争威胁，应采取防御型战略</td></tr>
</table>

资料来源：么秀杰：《最有效的100个常用管理方法》，人民邮电出版社2013年版，第27页。有改动。

（三）应用SWOT分析法的注意要点

SWOT分析法的应用质量，取决于如下几个要点。

第一，客观。无论是分析社会组织目前的内部情形，还是讨论社会组织面临的外部环境，都必须客观，不能好高骛远、骄傲自大，也不能止步不前、妄自菲薄。只有客观地分析了优势、劣势、机会和威胁这四类要素，才能保证分析依据的准确性，进而保证分析结果的准确性。

第二，全面。不仅要全面查摆优势、劣势、机会和威胁这四类要素，而且要全面考量和分析这四类要素当中的每一个层面。如果在进行SWOT分析时，遗漏了非常关键的要素，分析结果势必值得怀疑。为确保全面性，可从如下两方面着手：一是采用科学方法，比如德尔菲法、头脑风暴法、方案前提分析法等；二是吸纳多元力量，从专业类型、职业类型、工作层级等各个角度出发，吸纳多种力量参与其中，形成多元表达，以此来实现全面查摆。

第三，对比。优势与劣势、机会与威胁都具有相对性。因此，在应用SWOT分析法时要注意对各要素进行对比，将那些对社会组织发展最直接、最重要、最迫切和最久远的影响因素优先列出来，并赋以较大权重。

第四，前瞻。“凡事预则立，不预则废”，无论是制定战略规划还是选择方案，都需要面向未来，符合未来发展趋势，使之在未来具有适应性。因此，在进行SWOT分析时，除了客观全面地分析社会组织的现状及其当下所处情境外，还需具有前瞻性，切实做到立足当下、着眼未来。

（四）SWOT分析法的适用范围

第一，战略规划。SWOT分析法本身就是作为战略规划方法而被发明的，在决定组织发展策略转型、制定组织发展规划、确定组织使命愿景等实践过程中，不妨采用SWOT分析法。

第二，对手分析。“知人者智，自知者明”，社会组织在项目申报、服务方向转变、组织品牌打造、广告宣传、组织发展转型等过程中，都需要分析竞争对手，或者明确组织自身与竞争对手的优劣势对比，或者寻找并明确本组织的特色（找到与竞争对手的差异），在这些情况下都可以使用SWOT分析法。换言之，SWOT分析法能够帮助使用者确立自己的优势和特色、明确自身的问题与不足，从而保证在竞争中取胜。

第三，方案评估。明确社会组织自身的优劣势、知晓外部环境的支持程度，都是评估、改进和选择行动方案的客观依据，因此，SWOT分析法可为评估组织行动方案提供有益思路[①]。

第四，组织创新。创新是提高竞争力的基本途径，也是保证社会组织可持续发展的重要条件。提供新的服务、涉猎新的社会治理领域、尝试进入新的竞争领域、实现组织的全面转型等，SWOT分析法可以为这些创新决策提供帮助，利于科学决策、稳健转型。换言之，社会组织在确定和选择创新方向时，需要全面、准确地进行SWOT分析。

三、评价

（一）SWOT分析法的优点

第一，简单实用，便于操作。SWOT分析法的内外两个维度及其四个因素都比较容易理解，涉及的内容也较为清晰，应用门槛较低、便于操作，适合社会组织使用。同时，SWOT分析法明确提出了S—W—O—T四象限矩阵，具体列出内部优势+外部机会（SO）、内部劣势+外部机会（WO）、内部优势+外部威胁（ST）和内部劣势+外部威胁（WT）等四种分析情境，并提出了适合于每一情境的对策思路，既实用又方便，既简单又有效。

第二，内涵丰富，系统全面。从内容上看，SWOT分析法强调要兼顾组织内外两个层面、四个要素，注重在系统比较的基础上作出战略决策，是一种具有系统思维的分析方法。同时，系统全面地分析也有助于社会组

① 头脑风暴法、德尔菲法、方案前提分析法、决策树法等也都可以用于决策，SWOT分析法从内外比较、情势分析的角度为决策提供了重要思路。

织管理者统筹利用各种信息，既掌握宏观局面与发展大势，又关切自身条件与具体特性，利于社会组织找准发展定位，明确发展方向，使战略决策更为科学、稳健和有效。

第三，应用广泛，适应性强。如上所述，SWOT分析法可以用于社会组织的战略规划制定、竞争对手分析、行动方案评估和组织发展创新，适用性较强，能够对社会组织管理实践的多个方面提供帮助。

（二）SWOT分析法的缺点

第一，内容割裂。SWOT分析法照顾到了社会组织内部和外部两种要素，但在分析组织内部要素和外部要素的同时强调优势与劣势、机会与威胁的区别，在一定程度上割裂了事物的整体性①。因为在很多时候，优势与劣势同在，机会与威胁并存。社会组织管理者要强化整体思维，不能片面地强调优势或劣势、机会或威胁。

第二，结果滞后。由于SWOT分析法关注社会组织的发展现状以及面临的外部情势，因此其聚焦于某一时刻，具有静态性，对于不断变化的外部环境因素缺乏动态考量和及时跟进，这种分析结果带有滞后性。因此，在应用SWOT分析法时一定要具备前瞻性思维，规避其静态分析的缺憾。

第三，知觉主观。在查摆两个维度及其四个因素时，易受分析者态度的影响。如果分析者持积极乐观的态度，那么可能就会强化内部优势和外部机会；如果分析者较为谨慎甚至消极悲观，那么分析结果很可能就会偏向内部劣势和外部威胁。同时，不同知识背景的分析者在选择分析因素时也存在感知差异，对不同信息具有不同的敏感度，这势必会导致不同的分析结果。因此，SWOT分析法常常受到主观知觉的影响，严重的话会导致分析结果与事实不符，偏离客观规律。从这个角度看，运用SWOT分析法时需要通过集体分析的方式来规避个体分析的偏狭，将主观知觉的负面影响降到最低。

---

① 胡群、刘云文：《基于层次分析法的SWOT方法改进与实例分析》，《情报理论与实践》2009年第3期，第68页。

第二章　是/非矩阵分析法

一、缘起

（一）查找组织存在的问题

“找准病灶，对症下药”，这是在开具药方时所依循的最起码的逻辑。社会组织管理者需要及时、准确、全面地把握组织内部存在的问题，这也是组织决策的前提。对于现存问题的查找，绝不是“脑袋一拍”就可以完成的，而是需要经过理性对待、系统分析、全面研判的。那么，哪种方法能够帮助社会组织管理者查找组织存在的问题呢？

（二）明确诱发问题的原因

学者格罗弗·斯塔林曾强调，在进行行动方案分析时，须区分“症状”和“根本原因”。症状往往是一种现象，浮于表层；根本原因则是事物的本质，处于深层，对事物的发展、演化具有决定作用。因此只有透过现象把握本质才能真正认识事物，剖析事物的运行规律。他认为有效的管理者决定的事情较少，因为他们专注于问题根本原因（E），而不是症状

（A、B、C和D）[①]。图2-1形象地呈现了这一论断。

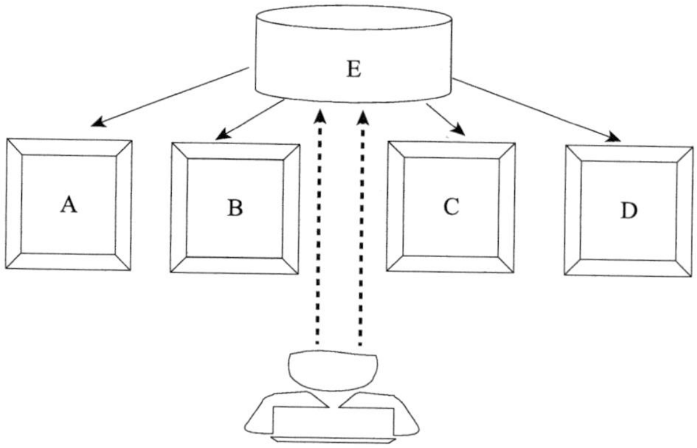

图2-1　关注问题的原因而非表象示意图

在社会组织管理者的管理实践中，自然也需要区分“症状”和“根本原因”——既要明确问题的表现，更要探究组织现存问题的诱因和本质。有学者指出，理性决策和直觉决策的差别不在于能否发现问题，而在于诊断问题且能够抓住问题的本质[②]。哪种方法在查摆原因、分析本质方面具有强大的功能呢？

（三）有效地展开需求分析

“都在给我们捐书包，很少有人问我们真正需要什么。”这是某贫困地区一位小学校长在接受采访时所说的话。之所以出现这样的问题，主要是因为捐赠者没有很好地进行需求分析。社会组织在参与政府购买服务项目、申报公益创投项目、开展社会服务项目时，为了避免出现服务供给与对象需求“两层皮”的现象，都需要进行需求分析。那么，采取何种方法能够真正有效地开展需求分析，准确合理地把脉对象人群，进而使项目方案设计、服务活动安排精准地靶向对象人群呢？

---

①［美］格罗弗·斯塔林：《公共部门管理》（第八版），常健等译，中国人民大学出版社2012年版，第228页。

②［美］理查德·L.达夫特、多萝西·马西克：《管理技能构建：行动为先的方法》，张秀萍、程立茹、刘淑芹等译，清华大学出版社2015年版，第140页。

是/非矩阵分析法能够有效解决上述问题。是/非矩阵分析法的核心要义就在于确定从哪里开始查找问题及其原因，并如何一步一步地找出问题真正的原因。另外，本书后续章节讲述的关联图法（第十三章）、列举法（第十七章）和鱼骨图法（第十八章）也都可以帮助社会组织管理者解决上述问题，这些方法也可以与是/非矩阵分析法组合使用。

二、应用

（一）是/非矩阵分析法的作用机理

第一，逐步剥离无关要素，缩小分析范围，进而查明原因。问题与原因存在于多种要素的关联之中。在书面上，事件A和事件B的因果关系可以用简单明了的符号“A→B”表示。而在现实当中，A和B存在于纷繁复杂的多种要素之中。比如，还有C、D、E等其他关联事件，还包括时间、地点、人、对象、资源等具体影响因素。因此，现实远比逻辑符号复杂得多。如果要在复杂的现实中寻找逻辑关联，就需要将那些无关联的事件和要素逐个剥离出去，逐步缩小影响因素的分析范围，进而精确定位因果关系，从而弄明白真正的原因。

第二，在“是”和“否”的比对逻辑中寻找原因。如上所述，精确定位因果关系，需要逐步剥离无关因素，缩小分析范围。无关因素，就是“否”的因素。不断地明确“否”的因素，就意味着逐渐缩小分析范围，而保留下来的“是”的因素，就是与所议事件存在直接关联的因素，所议事件的产生缘由便可确定。比如，发生了社会工作者A离职的现象，“是”的因素是A在承接了一个精神慰藉项目后辞职了；“非”的因素是与A一起参与精神慰藉项目的B却没有离职，或者说，与A一起参与精神慰藉项目的B应该像A一样离职，但B却没有离职；“是”的因素是A未婚，且父母不在本地居住，B已婚，虽然其父母不在本地居住，但其爱人在本地工作。通过是/非比较，就可以发现导致社会工作者A离职的原因不是精神慰藉项目，而是家庭因素。

（二）是/非矩阵分析法的应用程序

一般而言，应用是/非矩阵分析法要遵循五个步骤（如图2–2所示）。

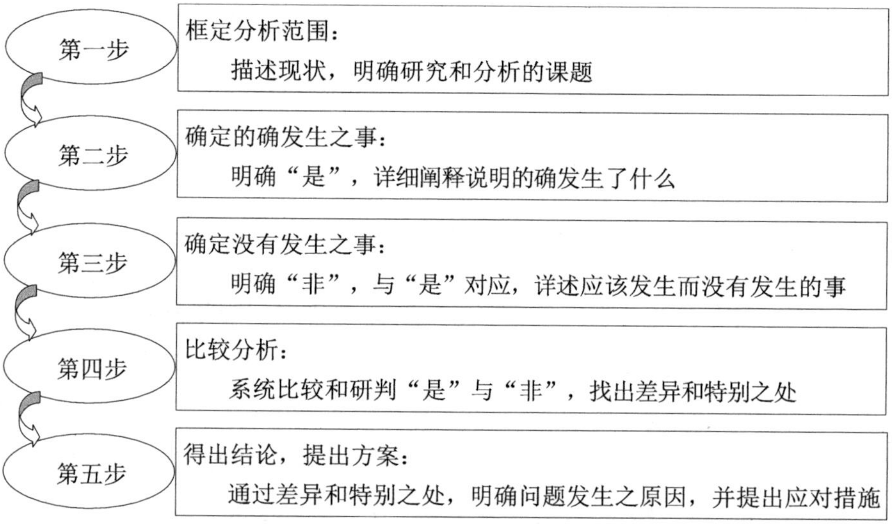

图2–2　是/非矩阵分析法的应用程序

第一步，框定分析范围。描述社会组织现状，明确通过是/非矩阵分析法研究和分析的具体课题。

第二步，确定的确发生之事。这一阶段旨在分析确定“是”的因素，明确到底发生了什么。然后将这些因素分别填入表2–1的“是”列。具体内容包括：（1）问题影响的对象是什么。如发生了什么情况？描述要尽可能详细，且要表述准确。（2）问题发生的地点。如问题发生的地点重要吗？可能在其他地点发生吗？问题发生的位置，如地理位置、物理位置、具体位置（具体物体）以及三种位置的某种组合。（3）问题发生了多长时间。如什么时间（环节）、多长时间（哪些环节）？什么先发生、什么后发生（接下来发生什么）？与其他事情的先后关系？日期、具体时间、工作日或节假日、季节以及工作的环节、流程等可能都关系到问题的产生和解决，所以关于时间问题的判断十分关键。（4）问题的范围。如问题有多少

（多少事情有问题）？问题是否被限制在某范围内？问题的严重程度如何？根据严重程度，如何来对问题进行排序？（5）问题涉及谁。如谁对这一问题负责，即这一问题属于谁的职责范围之内？谁引发了这一问题？谁第一个注意到这一问题？需要说明的是，查找问题涉及的主体不是为了追究责任、实施惩戒，而是为了找出事情发生的主体性原因。

表2-1 是非矩阵模型

问题陈述	是 （发生了什么）	非 （可能发生而没有发生）	区别 （不同或异常之处）
问题影响的对象是什么（发生了什么情况？）			
问题发生的地点（问题发生的地点重要吗？可能在其他地点发生吗？问题发生的位置，如地理位置、物理位置、具体位置等。）			
问题发生了多长时间（什么时间、多长时间？什么先发生、什么后发生？与其他事情的先后关系？）			
问题的范围（问题有多少？问题是否被限制在某范围内？问题的严重程度如何？）			
问题涉及谁（谁对这一问题负责？谁引发了这一问题？谁第一个注意到这一问题？）			

资料来源：么秀杰：《最有效的100个常用管理方法》，人民邮电出版社2013年版，第23页。

第三步，确定没有发生之事。这一阶段从另一个角度来分析问题及其原因——研判可能发生而没有发生的事情，然后将其填入表2-1的“非”列。在这一步骤中，分析的具体内容和顺序与第二步一样。

第四步，比较分析。细致研判“是”列和“非”列，找出两者之间的差异，或者存在异常的地方，并将结果填入表2-1的“区别”列中。需要说明的是，比较“是”和“非”这两列，要绝对细致，且精神要高度集中，要对所有的细节保持较高的敏感度。因为这两列思维相反，内容读起来可能很拗口，且差别仅仅在某一个否定词上，非常容易出错，也非常容易漏掉细微却非常重要的线索。

第五步，得出结论，提出方案。在比较分析的基础上，对每一个“区别”项进行分析，审视“是”与“非”的区别是否能够引起事物变化，是否一定会诱发问题的出现。然后，确定最有可能的原因，并验证该原因与问题之间是否存在真正的因果关系。如果存在真正的因果关系，便可以据此设计应对方案，促进问题的解决。

（三）应用是/非矩阵分析法的注意要点

第一，分析范围要清晰。即要聚焦问题，框定议题。否则将会把更多的无关要素纳入分析过程，要么使分析变得十分困难，要么使问题显得更加复杂，无法发挥是/非矩阵分析法简单高效的优点。同时，如果议题范围过宽，所绘制的是/非矩阵将十分复杂，无法清晰地认识和分析所议问题。

第二，要素分析要细致。应用是/非矩阵分析法的目的就在于，从多种要素中逐步剔除无关的要素，进而明晰事物之间的因果关系。这要求细致周延地分析所有要素，因为被忽略了的、缺失的要素很可能就是真正的原因。同时，还要细致比对“是”和“非”两种要素，从中发现差异或异常，尤其要对差异和异常保持足够的敏感性，否则将无法发现事物之间的因果关系。也就是说，对于“是”列、“非”列和“区别”列，要绝对细致地对待，既要在内容上保证其完整性，又要在研判逻辑上做到周密。

第三，因果验证要慎重。通过“是”和“非”的比较，可以确定事物之间存在某种关联，但这种关联是否属于真正的因果关系，则要通过严格而慎重的验证才能确定。验证因果关系一般要经过如下四步：一是A和B存在关联，二者往往在同一情境中出现（即A和B同时存在）。二是A和B的出现存在先后顺序，即A在前B在后，而不是A在后B在前。也可以说，

A的出现能够预测到B的必然出现。三是判断是否有混淆变量的出现，即除A之外，还有没有其他因素导致B的发生。验证这一问题，可采取如下逻辑：在A没有发生的情况下，是不是有B的发生。如果有，则说明B与A之外的其他因素有因果关系，而A和B之间没有因果关系。四是A和B的关联在实践中重复出现，并可以找到多种实例予以佐证。

第四，解决措施勿忽略。是/非矩阵分析法最主要的功能是分析问题、查找原因。但不要忽视另外一点：问题及其原因的分析并不是最终目的，依据问题及其原因来设计解决方案才是社会组织管理所需要的，才是运用是/非矩阵分析法的最终目的。因此，在应用是/非矩阵分析法时不要忽略解决措施的提出。问题及其原因的分析体现的是是/非矩阵分析法的解释和预测功能，但如果仅满足于此的话，就缺乏了建构和促进意义。

（四）是/非矩阵分析法的适用范围

是/非矩阵分析法在社会组织管理的很多实践中均可以运用。

第一，社会组织运行效率低下，问题频发，需要通过整体改革来予以解决。此时，可以运用是/非矩阵分析法，研判社会组织面临的问题有哪些，导致这些问题出现的原因是什么，进而可以采取有效的措施。

第二，针对社会组织运行过程中的某一个问题，比如人力资源流失、成员内部关系失调、部门之间壁垒严重等，可采用是/非矩阵予以分析，查摆具体原因，进而采取有针对性的应对举措。在某种程度上可以说，是/非矩阵分析法适用于社会组织查找特定事件或问题的诱因，或者在诸多原因中找出真正的关键的原因[①]。

第三，对服务对象需求进行分析时，可以采用是/非矩阵分析法。在本质上，服务对象的需求主要源自服务对象所面临的问题，满足需求的过程就是解决这些问题的过程，因此是/非矩阵分析法是可以用来进行需求分析的。

① 么秀杰:《最有效的100个常用管理方法》,人民邮电出版社2013年版,第23页。

三、评价

（一）是/非矩阵分析法的优点

第一，有效性。任何一个管理方案、服务方案在本质上都蕴含着一种因果关系。方案本身属于手段，其源于某种问题和目标，此时方案是“果”；但方案制定出来后，导致其产生的问题和目标就变成了“果”。因此，方案的有效性取决于这种因果关系的真实性。是/非矩阵分析法以因果关系为基本关切，能够帮助社会组织管理者有效提升管理方案和服务方案的质量。

第二，便捷性。是/非矩阵分析法的内容、程序和操作都比较简单，学习、应用的难度都较小，社会组织管理者在实践过程中可以便捷使用。这也有利于是/非矩阵分析法的推广。

第三，适用性。在社会组织管理实践中，时常需要对现存问题及其原因展开分析，因此，是/非矩阵分析法的适用性较强，应用范围较广，是社会组织管理最常用的方法之一。

（二）是/非矩阵分析法的缺点

一方面，是/非矩阵分析法更多以社会组织的现存问题及其原因为关切点，具有静态性，前瞻性水平较低。另一方面，解释多于建构。在应用是/非矩阵分析法时，社会组织管理者可能会更加关注对本组织现存问题及其原因的解释，忽视行动方案的设计和论证，使得是/非矩阵分析法的建构性较为缺乏。因此，这里再次强调，要注意根据对问题和原因的分析来推动行动方案的选择、设计与改进。

第三章　头脑风暴法

一、缘起

（一）创新决策

创新是引领发展的第一动力。社会组织只有通过创新才能提高项目竞争力和方案有效性，“个人解决问题的方法的两个关键类型是创新者方法和适应者方法”[①]。在社会组织管理实践过程中，如所申报项目的名称确定、服务群体选择、服务内容设计、服务方式设置、服务活动组织等，如何实现创新呢？要解决上述问题，就需要回答：如何激发创新性思维？如何形成“突发奇想”、灵感迸发等创新要素？采用何种方法才能有效提升决策的创新水平？

（二）多元决策

多一种选择多一条路。在多个方案中择优实施，或者实现多个方案的优化组合，都是社会组织日常管理所需要的。“应该尽可能多地发现或创造出解决问题的备选方案，要引用大量的被不同的发明者和问题解决者所

① [美]理查德·L.达夫特、多萝西·马西克：《管理技能构建：行动为先的方法》，张秀萍、程立茹、刘淑芹等译，清华大学出版社2015年版，第148页。

检查过的大量的备选方案；考虑越多的主意，就越可能出现好的主意。”[①] 这里有一个前提，那就是有多个存在差异的行动方向或观点可供讨论，可以设计出多个行动方案[②]。此时，问题就转变为：如何在社会组织管理的过程中实现多方案优化、多观点共振呢？哪种方法最有助于相互启发和思维共振呢？

（三）专业决策

社会组织在提供社会工作、政策咨询、社会救助等专业服务时，需要设计专业的服务方案、面对专业问题进行决策，这往往需要发挥专家的专业智能，借用“外脑”。那么，如何充分发挥专家的专业能力，使专家的智能有效嵌入社会组织的决策过程之中呢？

（四）科学决策

在某种程度上可以说，任何决策都难免受到主观因素的影响。但是，在专业决策过程中，我们期待科学决策，尽量规避主观因素（或者说非理性因素）的负面影响。这就要求所有参与决策的人都能够独立思考，不受别人的影响，尤其是在集体决策时不受领导、权威的左右，从而使讨论和发言更加充分。那么，哪种方法能够提升社会组织决策的科学化水平呢？

（五）集体决策

“三个臭皮匠，顶个诸葛亮。”集体决策能够充分发挥多种智能的作用，使多元信息、多种视角被纳入决策考量之中，实现思维共振、相互启发、步步深入。通过集体的力量，实现决策参与者专业素养互补、信息和智能结构互补等便是实现决策科学化的重要一环了。何种方式能够帮助社会组织管理者实现这一目标呢？

---

① 陈振明：《公共政策学——政策分析的理论、方法和技术》，中国人民大学出版社2004年版，第148页。

② 徐彬、安建增：《公共政策概论》（修订版），安徽师范大学出版社2016年版，第109页。

在集体讨论过程中还常常会遇到两种尴尬情形：一是“乱哄哄”地漫谈，内容不聚焦，主题很分散，看似热闹，却不能深入，也无法真正服务于决策。如何才能避免这种尴尬情形呢？二是在讨论过程中局限于权威（专业权威或领导权威）的思路。面对权威，参会者不愿意自主表达意见，而是围绕着权威的思路“打转转”，导致讨论与不讨论一样，无法达到集体决策思维共振和相互启发的效果。也就是说，多个专家集体参与可以促进决策科学化，防止单一决策主体理性不足的缺憾，但集体决策有另一个问题需要处理——如何使专家之间的相互影响产生“正外部性”，而不是“负外部性”？由于专家的性格不同，在某一专业领域的地位不同，因此极可能出现“一元化”现象。受某一个专家意见的影响，其他人不愿意表达反对意见，最后导致其他人的创造性和特长未能充分发挥，集体决策实质上变为一人决策。因此，规避权威的影响，使各个专家的创造性灵感都能迸发出来，提高决策方向的多样性、差异性，成为集体决策的重要面向。在集体决策时必然包含着对参与者行为及其关系的合理处理，这是高质量决策的必然要求[①]。换言之，如何使所有的专家都能够充分表达意见且不会被别人“牵着鼻子走”？如何通过专家的创造性思维提升决策的创造性，增加决策备选方案的多样性？

解决上述问题，可采用头脑风暴法。头脑风暴法由美国BBDO广告公司的A.F.奥斯本于1939年提出、创立，英文为Brain-storming，可直译为“头脑起风暴”，其本来用于形容精神病人的胡言乱语。但这种无拘无束、无所畏惧的“胡言乱语”在正常人那里就是一种脑力激荡和思维共振，有助于突发奇想、灵感迸发，推动决策创新。因此，A.F.奥斯本将头脑风暴法用于广告设计，意在追求多样、新奇的广告创意。实践证明奥斯本是成功的[②]。

头脑风暴法常被称为畅谈会议法、智力激励法、BS法、自由思考法。

---

① 胡象明:《公共部门决策的理论与方法》(第三版),高等教育出版社2016年版,第240页。

② 魏娜:《公共管理的方法与技术》(第二版),中国人民大学出版社2011年版,第169页。

头脑风暴法因其有效性，应用范围越来越广，也越来越完善，衍生出质疑头脑风暴法、默写式头脑风暴法、卡片式头脑风暴法、三菱式头脑风暴法等[①]。

二、应用

（一）头脑风暴法的作用机理

头脑风暴法以小型会议的方式实施，通过营造互不批评、畅所欲言、相互启发的讨论氛围，激发与会人员的创意和灵感，最终获得多样的、具有创新性的“点子”，进而创造性地解决问题。其内在的作用机理表现在如下三个方面。

第一，消除束缚，激荡思维。头脑风暴法的议事规则是：不允许批评别人，不允许设定权威观点和前提假设，旨在消除一切心理约束，提高与会人员的心理活动效率；推动自由畅谈，欢迎“个性”，提倡敢想敢说，激发与会人员的创新性思维。

第二，热情感染，激励创新。在集体讨论问题的过程中，除了不允许评判和质疑其他人，还要求每一个与会人员发言并提出不同于别人的观点，每一个人都积极提出新观点、新创意。通过这种积极热情的氛围，感染每一个与会人员，激励与会人员竞相发言、持续创新。在这种情境中，头脑风暴激发了每一个与会人员内心深处的竞争意识，他们会不断地“开动思维机器”，形成不同于他人的新创意、新观点。

第三，相互启发，激发联想。“智有所不明，数有所不逮，神有所不通”，相对于丰富多彩的社会组织管理实践而言，每个人的经验和知识都是不足的，需要通过相互学习、相互启发、相互补充才能实现全面思考。在小型会议中，每一个参与者的发言都具有参考和激励的作用，能够启发其他与会人员的创意，引发其他与会人员的联想，促进其他与会人员进一

① 么秀杰:《最有效的100个常用管理方法》,人民邮电出版社2013年版,第2页。

步思考。这无疑会产生“思维连锁反应”，既激发了个人的创新性思维，又发挥了集体智慧的联动优势[①]。

（二）头脑风暴法的应用程序

一般而言，应用头脑风暴法需要经过四个阶段：前期准备阶段、规则强调阶段、头脑风暴阶段和总结归纳阶段（如图3-1所示）。

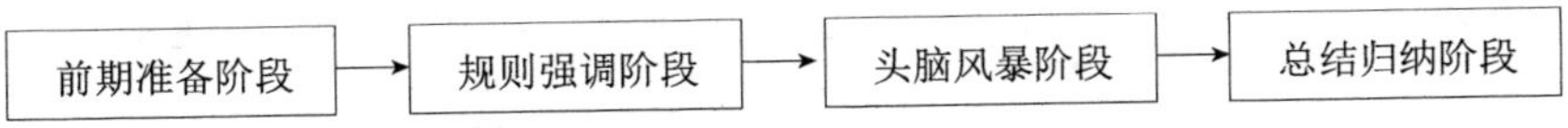

图3-1　头脑风暴法的应用程序

第一步，前期准备阶段。这一阶段的主要任务是明确讨论主题和目标、选定与会人员和会议主持人、确定会议时间和地点；必要时，要对讨论主题展开先期研究，对管理实践背景、存在的问题及其原因、组织面临的瓶颈及其实质等进行系统研判；整理编印会议材料；提前布置会议室，为自由畅谈打造一个适宜的物理空间。

第二步，规则强调阶段。这一阶段的主要任务有二：一是主持人向与会人员提供最低数量的讨论信息，为与会人员提供讨论支持。需要注意的是，在提供信息时切忌背景材料繁多，使与会人员无所适从；切忌有明确的设想和决策取向，以防形成条条框框，束缚与会人员的讨论方向和思路。二是主持人向与会人员说明讨论规则，明确小型会议属头脑风暴法，要求与会人员必须遵守讨论规则。如不得质疑别人；不得重复别人的观点，必须提出创新性想法；严格遵守时间规定，不得超时；明确发言顺序；等等。

第三步，头脑风暴阶段。与会人员按照发言顺序依次发言；记录者记录发言信息；待发言完毕之后，允许与会人员补充发言，甚至在会议结束

① 英国戏剧作家萧伯纳曾经说过：“倘若你有一个苹果，我也有一个苹果，而我们彼此交换这些苹果，那么你和我仍然是各有一个苹果。但是，倘若你有一种思想，我也有一种思想，而我们彼此交换这些思想，那么，我们每人将有两种思想。”头脑风暴法就在于实现“两种思想的交换”，甚至实现“千万种思想的交换”。西武：《管理方法：100年来最具影响力的28个经典法则》，电子工业出版社2013年版，第130页。

之后1～2天内，亦可就某些问题向与会人员了解相关信息和思路。在这一过程中，每一个人都必须说出不同于他人的观点，可以深化别人的观点，也可以在自己知识结构的基础上提出新思路和新观点，但绝不能简单重复别人的观点。强调决策思路、行动路径的多样性（且越多越好），也强调联合和深化别人的观点（这在本质上是相互启发和思维共振）。

第四步，总结归纳阶段。依据会议记录，对发言内容进行整理并形成若干方案或具体设想；对方案或设想进行研判、比较，并择优使用。

（三）质疑头脑风暴法：头脑风暴法的另一种应用

质疑头脑风暴法与一般的头脑风暴法（可称为“直接头脑风暴法”）的实施规则、作用机理完全一样，只是实施过程和实施前提发生了变化。质疑头脑风暴法要前后召开两次小型会议，第一次小型会议旨在运用头脑风暴规则“建构”行动方案，第二次小型会议旨在运用头脑风暴“批判”行动方案。质疑头脑风暴法的应用过程如下①。

一是对第一次小型会议后设计选定的系统化方案进行质疑——千方百计地质疑，即对行动方案的方方面面都进行质疑，包括行动方案的可行性、有效性等，直到没有质疑为止。在这一过程中，也可以依据质疑有针对性地提出新的行动设想。

二是编制质疑结果一览表。对第二次小型会议的与会人员所提出的质疑结果和新行动设想进行梳理和归纳，形成一览表。

三是对质疑进行评估。社会组织管理者依据质疑结果一览表，对每一条意见进行细致评估，用以修改、完善原行动方案。

可以这么说，直接头脑风暴法意在形成创新性的观点和方案，具有建构性；质疑头脑风暴法则意在开展“不可行性研究”，通过寻找行动方案的不足与制约因素，从反向的角度来完善行动方案。

---

① 魏娜:《公共管理的方法与技术》(第二版),中国人民大学出版社2011年版,第172页。

（四）应用头脑风暴法的注意要点

在应用头脑风暴法的过程中，管理者要注意如下几个要点，也只有兼顾了如下几点才能更好地发挥头脑风暴法的优点，实现预期目标。

第一，与会人员的选择。与会人员的质量决定了头脑风暴法的质量。在选择与会人员时，要注意以下几个方面：一是在成本允许的情况下，尽量邀请讨论主题所涉领域的专家。作为“外脑”的专家在专业知识、实践见识、管理经验、洞察能力、信息把握、未来预测等方面都有优势，对于目标选择、方案制定及其效果预测、创新发展、创意设计等方面的贡献能力相对较强。当然，除了权威的学术专家、管理专家之外，还有必要考虑邀请一些经验丰富的一线工作人员参与。二是要注意与会人员的组成结构，实现年龄、性别、知识背景、实践经验等因素的多样化，便于与会人员相互启发。同时，也要注意与会人员的知识、经验和能力等因素的互补。三是与会人员的特性与讨论主题所涉领域相契合，这是选择与会人员的基本依据，也是提高讨论准确性和可靠性的基本要求。当然，也可以适当地选择一些“域外”专家，也许更能促进思维共振，在“他者”视野中获得意想不到的行动创意和决策灵感。四是如果与会人员彼此认识，最好选择级别、职位等相同的人员，避免因级别和职位“落差”而产生交流压力，影响畅所欲言氛围的营造。五是与会人数要适当，人数太少无法形成多元脑力激荡，人数太多则会使讨论过于冗长，无法有效激励创新思维。一般而言，头脑风暴会议的参与人数应控制在10～15人。

第二，会议持续的时间。会议持续时间过短，无异于“蜻蜓点水”，无法实现充分讨论、深入思考。然而，会议持续时间过长，则会分散与会人员的注意力、消解与会人员的思维兴奋度，不利于积极氛围的营造，不能激荡与会人员的创新思维，从而降低心理活动的效率。与会人员的发言应力求开门见山、短小精练。

第三，充分发挥主持人的作用。主持人是头脑风暴小型会议的“导航”和“控制器”，要能够引导与会人员围绕讨论主题积极思考、提出观点，及时提醒偏离主题、过于宽泛的发言者；通过疑问、追问等方式，将会议讨论引向深入，拓展思维界面；通过及时归纳等，提供一个聚焦的、有激情的讨论环境，激发与会人员的心理活动和思维灵感；通过强制征询、有启发性的重新叙述等，推动思维共振的发生。主持人要能够根据会议实际情况及时纠偏，及时提醒违背“自由畅谈”规则的与会人员；控制发言时间，提高畅谈效率；杜绝与会人员私下沟通；等等。

另外，主持人还要注意两点：一是在讨论正式开始之前，可以介绍参会人员，但介绍时要避免树立权威、分层定级。即对与会人员的介绍要不同于一般的会议，审慎使用评判性词语，淡化与会人员的职务、职级、职称等信息。二是主持人在介绍讨论主题时，要避免为行动方向和方案预设框架，除了主题范围之外，对讨论的内容和取向不能有其他限定。这也是保证思维激荡、多元创意的基本要求，否则就无法实现多种思想的交流。

第四，以量求质。从内在机理上讲，头脑风暴法旨在激发与会人员的思维灵感，推动“无限创意”现象的发生。但从根本目的上讲，头脑风暴法旨在通过思维碰撞，形成多样化的方案或观点，实现以量求质的效果。因此，在使用头脑风暴法时，不要惧怕方案与观点的矛盾和冲突，不要担心意见与建议的差别和迥异，而应该尽可能多地提出新方案、新观点，产生涵盖方方面面的意见与建议。这是多元化的基础，是实现周延、辩证决策的前提。也就是说，头脑风暴小型会议的目的不是政策宣讲和理念灌输，也不在于达成共识和消除分歧，而是寻求多元化、差异化的结论。这为思维灵感的迸发、创新观点的提出提供了条件，便于实现以量求质的目标，“即鼓励与会人员尽可能多地提出设想，以大量的设想来保证有价值的设想的产生”①。

第五，延迟评判。在头脑风暴小型会议召开时，不允许对与会人员的发言进行评价。但这并不意味着头脑风暴法自始至终都不评判与会人员所提出的设想，只是将评判放到了小型会议之后，故被视作延迟评判。实际

① 西武:《管理方法:100年来最具影响力的28个经典法则》,电子工业出版社2013年版,第128页。

上，头脑风暴法对与会人员所提设想的总结、归纳、比较和评判非常关键，决定着头脑风暴法的质量和效果。在评判过程中，要注意如下几个方面：一是不要忽视任何一个设想，每一个设想都代表着某一个思维方向，都是解决社会组织面临问题的一扇窗。因此，要审慎研判每一个思维方向的可取性，否则就可能关上了也许是最好的那扇窗。二是不要割裂与会人员所提出的设想，而要寻求意见的联合，实现不同设想的相互补充，从而形成更为完善的方案。三是不要止于与会人员所提设想，而要依据现实改进与会人员在小型会议上提出的设想，做到精益求精。比如，在头脑风暴法的应用史上有一个叫“直升机扇雪”的例子[①]：电线积雪成为美国北部冬季的一个顽疾，电信公司通过头脑风暴小型会议解决了这一问题。在会上，与会人员提出很多建议，如设计专用电线清雪机，通过电热实现融雪，开发电线震荡技术清雪。当然，还有人提出让人坐上直升机，拿着扫帚扫雪。有一位工程师依据“坐直升机扫雪”的提议，进一步提出使用“直升机扇雪”的想法，利用直升机螺旋桨的风力来吹掉电线上的积雪。实际上，设计专用电线清雪机、利用电热融雪技术、开发电线震荡技术都是可行的，但研制费用较高，研制周期较长。而“坐直升机扫雪”的想法激荡起的“直升机扇雪”的想法，则具有费用低、周期短的优点。经过试验，“直升机扇雪”的效果不错、方案可行。这一例子就说明，任何一个想法都可能是解决问题的一扇窗，经过联合、改进都可能成为最为可取的方法。

（五）头脑风暴法的适用范围

遇到如下情况时，可以考虑使用头脑风暴法。

第一，涉及相对专业的行动领域。凡涉及相对专业的社会组织运行和服务领域，都可以采用头脑风暴法，借助专家的智识，使行动方案更加专业，也可以借此弥补社会组织管理者专业知识的不足。

① 西武：《管理方法：100年来最具影响力的28个经典法则》，电子工业出版社2013年版，第128—129页。

第二，行动路线的设计与选择。凡涉及行动路线的设计与选择，都需要做到“多方案优化”，通过多种选择的审视和比较，寻找最好的行动方案。通过头脑风暴法，可以获得大量的行动设想，可以在发散思维中获取有价值的思路和方向。比如，项目申报书的撰写、组织使命与宗旨的设计、组织品牌的设计与选择、组织宣传和报道、组织的年度总结与项目总结、需求调查与分析、组织文化的打造等。

第三，创新。凡涉及新点子、新方案、新思路的获得，均可以使用头脑风暴法激荡组织成员的思维灵感，获得突发奇想，实现创新。比如，组织使命的提炼（词语的归纳）、项目名称的设定等。

第四，问题原因的查找。找准病因才可以开具良方，社会组织管理实践中自然也少不了对各种问题进行诊断，比如组织运行效率不高、项目申报失败、人才资源流失等。通过头脑风暴法，可以实现问题原因查摆的周延性。

（六）头脑风暴法的应用实践

笔者曾受某民政局委托，对其近年来开展的养老服务体系建设工作进行研究、归纳和提升；同时，为了便于宣传，该民政局要求笔者为其构建的养老服务体系命名，形成品牌。在命名过程中，笔者组织了课题组成员（由3名教师和9名硕士研究生组成）以头脑风暴原则进行讨论。在不到一个小时的时间里，便形成了十几种命名方案（如表3–1所示）。

表3–1　头脑风暴法在养老服务体系命名中的应用

序号	名称	解释
1	多层次、组合式养老服务体系	该养老服务体系有三个特点：一是以多层次服务为内容，包括兜底支持服务、社区为老服务、优待福利服务、保障支持服务、个性需求服务等五个层次。二是以多元化主体为载体，包括党和政府、社区、养老机构、社会组织、枢纽型支持平台、志愿者、互助组织、家庭等八个主体。三是以组合式机制为保障，包括统筹协调机制、三级联动机制、服务购买机制、公益创投机制、学习提升机制、专业指导机制、三社联动机制、智慧服务机制等八个机制。因此，以多层次、组合式养老服务体系来概括

续　表

序号	名称	解释
2	“580”养老服务体系	从内涵上看，“5”指的是该养老服务体系提供的五个层次的服务内容；“8”指的是八个主体和八个机制；“0”指的是养老服务的追求和结果——老年人“零担忧”，使老年人无后顾之忧，向老年人提供无缝隙的服务。从发音上看，“580”谐音是“我帮您”，与社会养老服务相契合，意为通过社会支持来扶助老年人，满足老年人对美好生活的需求
3	“筑牢暖巢”养老服务体系	“燕子衔泥空费力，长大毛衣各自飞。”意思是母燕衔泥筑巢孵化小燕子，历尽了艰辛，而当小燕子长大后，羽翼一丰，便头也不回地飞走了，不会来反哺自己的母亲。这警示人们要牢记父母养育之恩，切莫忘本。因此建议使用“筑牢暖巢”说法，将社区日间照料中心作为“暖巢”，向老年人提供温情服务。同时，“筑牢暖巢”也与“空巢”相对应，用“暖巢”来驱除“空巢”的冰冷
4	“啄泥行动”养老服务体系	该命名与上一个命名思路基本相似
5	“寸草春晖”养老服务体系	该名称取自唐朝孟郊名诗《游子吟》：“慈母手中线，游子身上衣。临行密密缝，意恐迟迟归。谁言寸草心，报得三春晖。”其基本含义就是敬老、爱老。“寸草春晖”意思就是每一个人尽自己的微薄之力，汇聚成更大的敬老、爱老力量。因此，用“寸草春晖”形容和统领为老服务行动是比较贴切的
6	“春晖行动”养老服务体系	该命名与上一个命名思路基本相似
7	“心暖花开”养老服务体系	首先，“心暖花开”朗朗上口；其次，“心暖花开”意指通过服务温暖老人身心，实现整个社会的和谐稳定，提升整个社会的幸福感（即“花开”）
8	全方位悦老服务体系	一方面，用“全方位”来概括该养老服务体系五个层次的服务内容、八个主体和八个机制；另一方面，用“悦老”表示让老人高兴、幸福
9	“夕阳悦”养老服务体系	“夕阳悦”表示通过养老服务体系的建设和运行，达到老人幸福美满、高兴愉悦的效果
10	“悦夕阳”养老服务体系	该命名与上一个命名思路基本相似，只是更强调养老服务体系的主动性
11	“五有”养老服务体系	在内容上，“五有”指有层次、有制度、有温情、有主体、有智慧平台；在发音上，“五有”谐音为“无忧”，意为保证老年人过上无忧无虑的晚年生活
12	“五福”夕阳养老服务体系	“五福”与传统文化中的“多福”相对应，与多层次养老服务相契合，同时强调养老服务为老年人带来的获得感、幸福感和安全感比较充分

续　表

序号	名称	解释
13	“多元伴星”养老服务体系	“星”指的是寿星，意为老人；“多元伴星”意为通过多层内容、多元主体、多重机制服务老年人。另有“星星永在，长寿不衰”的寓意
14	“立体乐享”养老服务体系	“立体”指的是养老服务内容、服务主体、服务机制是多元立体相互衔接的；“乐享”指的是通过养老服务体系让老年人快乐地享度晚年，也有温情服务的含义
15	多层衔接养老服务体系	“多层”意指养老服务内容、服务主体是多层次的；“衔接”意指养老服务主体和机制是相互衔接、相互促进的

通过对与会人员所有提法进行评价分析，课题组最终向该民政局提出了如下建议。

第一，以“养老580”为养老服务体系的品牌符号。该观点依据的设想是表3-1中的序号2。

第二，以“多层次、组合式”为养老服务体系的内涵要素。该观点依据的设想是表3-1中的序号1。

第三，以“四个专项行动”为养老服务体系的抓手。一是“筑牢暖巢”社区日间照料中心建设行动，依据的设想是表3-1中的序号3；二是“寸草春晖”志愿服务行动，依据的设想是表3-1中的序号5；三是“心暖花开”系列公益创投活动，依据的设想是表3-1中的序号7；四是“智慧养老”优化升级行动，依据的设想是表3-1中的序号11。

不难发现，在最终的建议中，课题组吸收了多个与会人员的观点，也实现了多个设想的优化组合，充分发挥了头脑风暴法的优势。

三、评价

（一）头脑风暴法的优点

在社会组织的日常管理实践中，头脑风暴法的优点还是比较明显的，主要表现在如下几个方面。

第一，适用范围广，易于操作，便于社会组织管理者选择应用。头脑风暴法可适用于多个领域，且在运用时无须高深精致的数学模型，也无须复杂烦琐的操作程序，应用门槛较低，便于社会组织管理者操作使用。

第二，集体讨论决策，能够规避个人决策的不足。个人的智识、经验等总是具有局限性，头脑风暴法以集体讨论为途径，能够吸纳多种观点和设想，有利于实现完备理性。

第三，自由畅谈，能够促进与会人员相互学习。头脑风暴法强调自由畅谈，杜绝与会人员相互质疑和批判，便于激发与会人员的多元思维、交换思想，通过思维灵感的交换和思维共振的实现，碰撞出思想的火花。这在本质上是一种相互学习，可使得决策更加周延，更能统筹兼顾各种因素。对此，有学者强调："由于个人的知识、经验、思维方式等的局限性，创造力的发挥往往会受到各种阻碍。如果将许多不同的意见和想法聚集在一起，使之在一种热烈、活跃和自由的气氛下交流和碰撞，便会打破由单一模式形成的思维障碍，扩大新创意产生的可能性。"①

第四，以量取质，能够实现多方案优化。头脑风暴法追求新点子的提出，鼓励与会人员提出多种设想，提倡运用发散思维思考和解决问题，以此实现观点和方案的多元化，为多元择优、联合优化奠定基础。

第五，激荡思维，能够推动创新。这是头脑风暴法最突出的优点，也是创设头脑风暴法的初衷。可以这么说，头脑风暴法的程序、规则等都围绕着创新而展开，通过无拘束地"突发奇想"和思维发散，获得新观点、新设想、新方案。

（二）头脑风暴法的缺点

"尺有所短，寸有所长"，头脑风暴法有其鲜明的优点，也有需要规避的缺点。

第一，与会人员的代表性可能会影响决策质量。集体决策的质量以与

① 西武：《管理方法：100年来最具影响力的28个经典法则》，电子工业出版社2013年版，第131页。

会人员的代表性为基础，但由于头脑风暴法的时间限制，参与讨论的人数不宜过多。这势必会影响与会人员的代表性、结构的合理性等，从而影响决策质量。

第二，与会人员难免受到权威的影响。为了实现自由畅谈，在人员选择时应尽量避免“级差”过大，同时明确规定不允许质疑和批判，这是保证头脑风暴小型会议质量的关键。但是人们在心理上总是存在从众性，对权威也有天然的“依附性”。因此，与会人员难免受到权威及其观点的影响，从而影响创新观点的提出。

第三，讨论过程受语言表达的影响。头脑风暴小型会议本质上属于思维激荡，但思维激荡的效果受到与会人员的语言表达能力的影响。同样的观点和设想，不同的人采用不同的方式来表达，效果可能会有天壤之别。在现实中，我们无法保证每一个与会人员都兼具思想家和演说家的特质，这也为头脑风暴法的有效性带来了障碍。另外，有些人心理素质不高，或者碍于情面，不愿意说出与其他人不一样甚至相反的设想；或者受“怕错心理”影响，不敢表达自己内心的想法。

第四，与会人员所提设想易受流行观点的影响。在任何一个时期或者任何一个讨论情境中，都有某些流行的、时髦的观点，比如当下的互联网+、大数据、智慧化管理等。这些流行观点（或思潮）本身是具有现代性和适应性的，但是常常会对其他的设想构成障碍，甚至将一些新颖独特的设想排除在外。这无疑会影响新思维、新观点、新设想和新方案的形成与提出。

第五，有益于观点提出，但无益于方案的设计。头脑风暴法在新点子、新创意的提出方面功能强大，但是仅有观点还不够，还必须有具体措施才能解决实际问题；仅有创意不行，还必须有可行方案才能产生实效。显然，头脑风暴法在具体行动方案的设计方面存在不足，这一点需要德尔菲法（本书第六章讲述）予以补充。

第四章　方案前提分析法

一、缘起

（一）好决策方案无法被良善执行

在日常实践中，社会组织经常会遇到这样的窘境：方案是精心设计的，也经过了反复的论证，但是这样的“好方案”却无法得到很好的执行，也无法实现预期的积极效果。方案的出台回应了社会组织所面临的问题，社会组织内部成员也非常希望该方案出台，这说明该方案具有充分的必要性。但是方案出台后却不被认可，也无法执行，或者执行效果与预期需要存在较大偏差。为什么会出现这样的现象？哪种管理方法可以有效避免此类现象的发生？

（二）讨论完善方案时遭遇集体沉默

许多社会组织管理者都遇到过这样的现象：初步设计了一个行动方案后，诚心诚意地发给有关人员，请他们提出意见和建议。然而，要么得不到回复，要么得到一片称赞，要么得到的仅仅是寥寥几句，触及不了核心问题，对方案的修改完善帮助不大。总之，不能达到意见征询、完善方案的目的。

社会组织管理者肯定还遇到过这样的现象：面对初步设计的行动方案，部门成员私下里意见一大堆，议论纷纷，甚至“义愤填膺”。但是，当组织部门成员召开方案论证会，正式地征询意见和建议时，却气氛沉闷。与会人员碍于面子，常常是“隔靴搔痒”，不会直指问题实质。为什么会在正式的意见征询时出现上述沉默现象？采取何种方法可以有效避免上述现象？

从另一个角度讲，受多种因素的影响，方案的提出者（设计者）内心也不愿意接受对其所提方案的负面评价，这势必会导致针对备选方案的讨论障碍重重，无法有效地改进和完善方案。那么，如何才能做到既充分讨论方案甚至将方案的缺陷全部“挖出”，又顾及方案提出者（设计者）的面子，更容易使方案提出者（设计者）接受修改意见，减少负面情绪？

（三）评价方案时感觉无从下手

在调研中，有很多社会组织管理者提出，面对下属填写的项目申报书、草拟的制度文本、设计的活动方案等，感觉无从下手，不知道从哪些角度予以评估和修改。换言之，方案的评价是社会组织管理实践中经常遇到的事情，但是如何评价方案呢？如何提高方案的可行性和可操作性呢？

（四）方案评价受主观偏好影响

一方面，在对备选方案进行择优讨论和分析的过程中，有关参与人员（尤其是社会组织内部成员）会将自己的情感带入其中。因为在很多时候，这些参与讨论的人员都与这些备选方案有关，有的是方案的提出者（设计者），有的是方案直接约束和规范的对象，有的是方案的利益相关者。在这种情况下，参与讨论的人员不可避免地会将自己的利益偏好和主观情感带入议论过程，不利于对备选方案作出客观、准确、合理的判断。

另一方面，在讨论备选方案时，多人参与，很容易出现价值分歧、意见相左、观点矛盾的现象。考虑到权威、面子、不得罪人等因素，参与人员难以对实际情况和方案的可行性实事求是地发表尖锐的批评意见，不能实现真正意义上的集思广益，无法有效优化备选方案。更甚者，在意见分歧严重、价值冲突激烈的情况下，方案研判过程会充满矛盾，无法顺利展开。

总之，如果直接面对备选方案本身，就势必会因参与者的主观情感和爱面子心理等影响表达的真实性，也可能会导致讨论过程的失范和无序。通过哪种管理方法才能较好地解决这一问题呢？

方案前提分析法可以有效解决上述问题。方案前提分析法并不讨论方案本身，而是聚焦于方案执行的前提条件。首先，通过对前提条件的分析，可以充分把握方案的可行性和有效性。换言之，备选方案的合理性、科学性、可行性，都是以特定前提假设和基础条件为依据的，因此，方案正确与否，取决于这些前提假设和基础条件是否充分。其次，面对备选方案的设计者，如果直接讨论备选方案本身，可能会使方案设计者无法接受，评价者也会碍于面子而不愿直指备选方案的缺陷。方案前提分析法则绕开方案，以方案的前提假设和基础条件为讨论内容，更容易让方案设计者接受，也能够克服评价者的爱面子心理。最后，预测和解释是评价和选择行动方案的前提。在社会组织的日常管理过程中，预测和解释总是面临着很多困难，变得不现实、不可行，方案前提分析法有助于解决这一困境。因为它关注备选方案执行和发挥作用所需要的前提，从备选方案的前提假设和基础条件着手，也更有助于找到制约备选方案实施的现实因素，使预测和解释更为精准。

简言之，“知之而后行”，方案前提分析法就是对方案赖以成立的前提假设进行分析、评估，从而间接地分析、评估并修改、完善方案的管理方法。

二、应用

（一）方案前提分析法的作用机理

第一，方案需要通过执行才能达到预期效果，而执行是需要前提的。行动方案本身属于意识的范畴，只有通过执行实践才能实现目标，解决预设问题，达到预期效果[①]。意识可以天马行空、异想天开，但实践却依赖现实条件。概言之，实践是有前提条件的。如果前提条件具备，主观见之于客观的执行行动才能顺利展开。反之亦反。从这个角度看，方案前提分析法是符合方案执行实践规律的，也找到了影响执行实践的核心要素。犹如评价药方，不能单单局限于对药方本身的审视，而应该思考症结是什么，药方与症结的消除是否具备因果关系（前提之一）；还应该审视药方所列药物是否可得，在经济上和时间上能否轻松便捷地获得所列药物（前提之二）。

第二，方案的合理性是建立在特定的因果关系之上的。对方案正确与否、合理与否的判断，需要遵循一定的因果关系。符合因果关系的，方案的合理性较高。反之亦反。方案及其执行是"果"，制定方案的前提条件及方案执行的前提条件是"因"。方案前提分析法立足于"果"，聚焦于"因"，评判因果之间的逻辑关联。"如果前提假设能够成立，则说明这个方案所选取的目标和途径基本上是正确的"[②]，这是方案前提分析法发挥作用的内在逻辑。

第三，方案的可靠性也十分重要。在设计与选择备选方案时，需要秉持创新思维，通过创新来提高方案的适用性和有效性。但同时，方案的可靠性也十分重要——如果一味追求创新，可能就会忽略现实条件，使备选

① 周仁标：《公共政策学》，重庆大学出版社2018年版，第128页。
② 魏娜：《公共管理的方法与技术》（第二版），中国人民大学出版社2011年版，第182页。

方案华而不实、徒有其表。方案前提分析法聚焦于备选方案的前提，目的不在于提升备选方案的创新性，而是增强备选方案的可靠性。这表现在两个方面：一是严格审视备选方案的前提假设和基础条件是否具备，审慎考察备选方案的政治可行性、资源可行性、技术可行性和文化可行性等，以此来提升备选方案的可靠性[①]。二是方案前提分析法聚焦备选方案的前提，能够促进社会组织管理者对前提进行审视，并据此来完善方案，使之更为科学、合理和可靠。可靠性在本质上是一种可证性，旨在寻找备选方案的依据，防止“无根无据”和“无缘无故”的方案出现。

第四，方案的必要性和有效性是两回事。备选方案面临着双重考量——必要性和有效性。必要性说明社会组织所面临的问题必须通过这一方案予以解决，这一方案是实现社会组织预期目标所必需的，具有现实针对性和回应性。有效性指的是这一方案能够较好地被执行，并解决社会组织所面临的问题，可有效满足需求并实现预期目标。必要性说明备选方案是紧迫的，有效性说明备选方案是可行的，两者属于不同层面，也都是社会组织管理决策应该兼顾的。

第五，方案前提分析法具有迂回探索性。方案前提分析法不直接讨论方案本身，而是迂回探索其前提假设和基础条件，这是一种不同于常规的分析思路，也是该方法最大的思维特点。

（二）方案前提分析法的应用程序

如图4-1所示，应用方案前提分析法一般要经过三个环节。

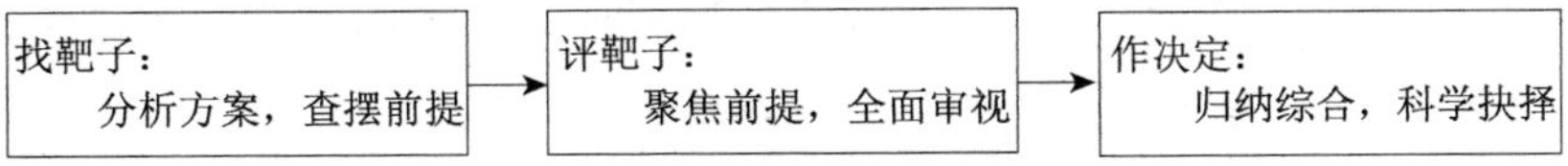

图4-1　方案前提分析法的应用程序

第一步，分析方案，查摆前提。旨在“找靶子”，即细化、分解备选

① 徐彬、安建增：《公共政策概论》（修订版），安徽师范大学出版社2016年版，第139页。

方案，并逐一找出备选方案每一环节、每一要素的前提假设和基础条件。在这一阶段，要保证前提条件的周延性，尽最大可能穷尽所有前提，同时要确保前提与方案的因果关系，否则就会妨碍分析结果的客观性和准确性。

第二步，聚焦前提，全面审视。旨在“评靶子”，即在第一步查摆前提的基础上，对每一个前提进行审视，论证其是否存在，讨论其与备选方案的关联程度，研判其在短时间内达成的可能性等。

第三步，归纳综合，科学抉择。旨在“作决定”，即全面审视第二步的分析结果，并据此作出决定：或者因前提条件不具备而放弃该备选方案，或者依据前提条件的可达性进一步完善备选方案（在备选方案中增加达成条件的行动措施），或者因前提条件完全具备而选定备选方案。

（三）应用方案前提分析法的注意要点

第一，要注意区分方案的必要性和有效性。如上文所述，必要性和有效性是衡量备选方案的两个必备要素，两者具有明显的区别，关注不同的面向。必要性以方案的原因为关切，回答的是“为什么”和“应该是什么”的问题；有效性以方案的前提假设和基础条件为关切，回答的是“是什么”和“是否充分”的问题，方案前提分析法聚焦于备选方案的有效性。只有在正确区分方案必要性和有效性的基础上，才能找准应用方案前提分析法的根本依循。

第二，周延地寻找备选方案的前提条件。从最直观的角度看，方案前提分析法包括两个内容：一是分析和查找前提，二是研判和审视前提。能否将所讨论的备选方案的前提条件都找出来，是能否应用方案前提分析法的关键之所在。因此，需要周延地寻找备选方案的前提条件。可通过以下四个方面做到这一点：一是通过头脑风暴法、德尔菲法等寻找前提，这两种方法在集思广益、周延分析等方面功能强大。二是通过决策者、管理者、执行者、服务对象、专家、有实践经验者的广泛参与，以参与主体的多元性来全方位地获得前提。三是将所议备选方案细细分解、列表，逐一讨论其前提，这也是提高前提周延分析效果的有用方法。四是从历史依据、经验依据、理论依据和现实依据等多个角度来考查方案前提的构成，以内容的多层次性来保证前提分析的全面性。

第三，评价与改进同等重要。在应用方案前提分析法时，不仅要找出所议备选方案的前提假设和基础条件，并对其是否充分具备进行研判和评价，更重要的是要依据评价改进方案——要审视前提条件的可达性，对于目前尚不具备的前提条件，要审查能否在方案执行过程中通过努力而予以满足，并将这些因素（即满足该条件的举措）融入方案，提高方案的可行性。换言之，在应用方案前提分析法时，不仅要质疑和评价，而且要积极地改进和建构。改进的思路有三个：一是“缺什么，补什么”，通过审视发现尚不具备的前提条件，据此提出满足这些前提条件的对策措施，并将之置入方案当中。二是“缺什么，改什么”，对于那些暂不具备且经过努力仍然难以满足的前提条件，要将其删除，等条件成熟后再纳入决策范畴。三是“缺得多，慎决策”，如果所议备选方案赖以存在的前提条件缺很多，就可以说所议方案缺乏可行性，应缓议或者直接放弃该方案。

（四）方案前提分析法的适用范围

一方面，任何一个决策都可以使用方案前提分析法。概括而言，任何一个决策都属于行动方案的选择，并且任何一个决策都需要通过执行来检验，都需要进行可行性论证。因此，方案前提分析法适用于几乎所有决策。

另一方面，方案前提分析法适用于行动方案的论证和比较。在讨论多个备选方案及其各自的可行性，在多个方案中比较择优时，可使用方案前提分析法。即方案前提分析法是多方案优化的方法之一，也是辅助多元抉择的有效方法之一。

（五）方案前提分析法的应用举例

某社会工作机构为了加强留守儿童的素质教育，在其服务方案中提出引进网络课程学习的决策——由留守儿童自己利用手机App学习，该社会工作机构免费为其提供经常性的教育服务。在决策时，该社会工作机构采用方案前提分析法进行了讨论。决策小组撇开网络课程学习本身是否有效的问题，尝试找出并讨论引进手机App网络课程学习这一方案的前提假设。如：第一，留守儿童智能手机的拥有率和使用率是否足够高，能否涵盖所有被服务对象？尤其是贫困家庭留守儿童的智能手机拥有率和使用率需要审慎核实，这事关该服务项目的公平性和合法性。第二，留守儿童所在地区（尤其是山区）手机信号是否全覆盖？第三，家长是否接受使用手机App所需流量及费用？第四，留守儿童能否自觉、自主地按照预期进度进行网络学习？

显然，网络课程是一种体现了“互联网+”思维的、具有现代性的学习方式，能够减少社会工作者的工作量，有利于提升留守儿童素质教育的覆盖面。上述四个问题如果都能得到肯定的回答，那么引进手机App网络课程学习的方案是可行的；反之，如果这些条件不具备，则该方案就是不可取的。

经过讨论，决策小组认为上述前两个前提条件基本具备，而后两个条件则不具备，并且后两个条件更为关键，直接影响行动方案的执行及其效果的达成。基于此，决策小组建议这一服务方案暂缓实施。

从这一案例不难看出，任何一个方案都必须满足一定的主客观条件，条件不存在或不完全具备，该方案就是值得怀疑和有待改进的。

三、评价

（一）方案前提分析法的优点

第一，能广泛利用。如上所述，社会组织在进行决策、评价和比较选择行动方案时，皆可以使用方案前提分析法。因此可以说，方案前提分析法具有应用门槛低、适用范围广的优点。

第二，能排除干扰。有效排除不必要的干扰，是提高社会组织管理和决策质量的关键。方案前提分析法由于只讨论方案的前提假设和基础条件，而不直接讨论具体方案本身，这种迂回探索的做法有助于减少方案提出者（设计者）和方案利益相关者的偏见和干扰，使参与讨论的人都能依据客观条件来看待问题和分析问题，作出正确、合理的判断。

第三，能照顾自尊。方案提出者（设计者）在面临讨论（尤其是批判）时，自尊心会受到影响，极可能不愿意接受质疑和批判，或者因反感质疑和批判而无法听取有益建议，这不利于科学选择方案或改进方案。方案前提分析法可以避开直接针对方案的批判，间接讨论其前提，照顾到了方案提出者（设计者）的自尊心。

第四，能集思广益。一方面，备选方案的质量取决于其必要性和有效性。因此，方案前提分析法对于有效性的关注本身即意味着增加了方案评价的参量，属评价内容层面的“集思广益”。另一方面，讨论内容的“迂回性”，可以为与会人员的心理“松绑”，使其最大可能地摆脱具体方案的束缚。这无疑有利于调动和激发每个参与人员的积极性，促使其畅所欲言，真正做到集思广益，在集体智慧的基础上评价、比较、完善和选择行动方案。

第五，能减少失误。方案的有效、顺利执行，是高质量行动方案的基本要求。方案前提分析法旨在查摆和分析所议方案赖以成立和有效执行的前提条件，并据此评价、比较、完善和选择方案，有助于减少决策失误，提升所选方案的可靠性。

（二）方案前提分析法的缺点

第一，成本较高。在应用方案前提分析法时，不仅要先行制定好备选方案，而且要对备选方案的所有前提假设和基础条件进行列举、评价，进而评价、比较、完善和选择行动方案，这需要较高的时间成本和人力成本。

第二，不被接受。方案前提分析法是一种迂回探索的方法，虽有利于排除主观情感的干扰，但由于其只关注所议方案的前提，而不关注方案本身，难免会给人“本末倒置”之感，这多少降低了这种方法的接受度，对其应用推广构成了障碍。

第三，忽略改进。如上所述，方案前提分析法应该兼具评价和改进两种功能，然而在应用过程中，使用者往往注重其评价功能，忽略其改进功能。也就是说，使用者运用方案前提分析法来讨论和判断所议方案的可行性，评价所议方案的优劣，却往往会忽视另一个层面——“缺什么，补什么”和“缺什么，改什么”。这种忽略消解了方案前提分析法的建构和促进功能，无法有效地改进和完善所议方案。

第五章　模拟决策法

一、缘起

（一）如何有效提高决策可行性

想是一回事，做起来又是另一回事。在社会组织管理实践中可能经常出现以下情况：精心设计的方案难以执行；评估指标设计得挺完善了，但在使用过程中仍然漏洞百出；活动方案虽经过多次论证，但在操作过程中仍发现对困难估计不足，对问题考虑不周。为何出现这些情况？何种管理方法能够避免这些状况？

（二）如何将决策嵌入执行过程

任何一种方案都需要被转变为具体的执行实践才能发挥作用，任何一种方案也都是在特定的实践情境中发挥作用的，如果仅仅是“纸上谈兵”，或者仅仅是在思维深处考量，决策的质量都难以保证。换言之，只有将决策嵌入执行过程，做到“知行合一”，回归决策的过程性，决策成功的概率才能有效提高。那么，如何才能将决策嵌入执行过程？哪种方法可以帮助社会组织管理者提升决策的过程性？

（三）如何有效降低决策的风险

很多工作任务社会组织管理者可能从来没有承担过，也没有现成的经验和模式可以借鉴，在这种情况下，决策面临着很大的风险。这就需要通过“试验”来取得行动经验，进一步获取信息，避免所选方案在正式实施时遭遇困难。一些大型决策，关涉要素多样，内涉关系十分复杂，为避免决策的冒险性，也需要通过“试验”获得关键信息，提高决策的合理性。哪一种管理方法能够帮助社会组织进行“试验”呢？

模拟决策法可以帮助社会组织管理者解决上述问题。模拟决策法的理论依据是同态性（同构性）原理，在决策时，为了准确认识某一事物、获得与决策相关的具体信息，建立一个与实际系统结构、功能、机制、环境等相似的模型，然后在不同的条件下运行、观察、评估这一模型，由此获得准确、全面的信息，为决策提供依据①。

二、应用

（一）模拟决策法的作用机理

第一，嵌入过程性。模拟决策法以将方案嵌入执行过程（尽管是模拟的）为主要特点，强调在模拟的实践情境中考察方案。“纸上得来终觉浅，绝知此事要躬行”，模拟的实践情境，能够加深对现实的认识。尤其是在不同条件下运行模型，研判不同条件下模拟系统的运行动态，有助于把握真实实践过程中的各种信息，进而为决策提供充分依据。

第二，同态性原理。模拟决策法的理论依据是同态性原理，同时，模拟决策法的有效性也取决于模拟系统与现实系统的同构性。为了将决策嵌入实践过程，通过模拟系统来呈现现实系统，通过模拟系统的运行来动态

① 魏娜：《公共管理的方法与技术》（第二版），中国人民大学出版社 2011 年版，第176—177 页。

研判现实系统的实际样态，借此分析方案对于现实系统的适应性，验证方案的有效性；加深对现实系统的认识，发现现实系统的复杂信息，据此来修订和完善方案。

第三，多条件考量。历史是无法重复的，但是模拟系统可以反复运行。因此，模拟决策法可以在不同条件下运行模拟系统，反复验证方案的可行性和有效性。这种多条件考量，增加了决策研判的维度，又注意从不同角度改进和完善所议方案，进而有效提升所议方案的全面性。更重要的是，通过多条件考量，能够研判所议方案在真实状态下的适应性，可以有效降低所议方案的风险。

（二）模拟决策法的应用程序

社会组织运用模拟决策法，大致需要经过三个步骤：建立模型、运行模型和分析模型（如图5-1所示）。

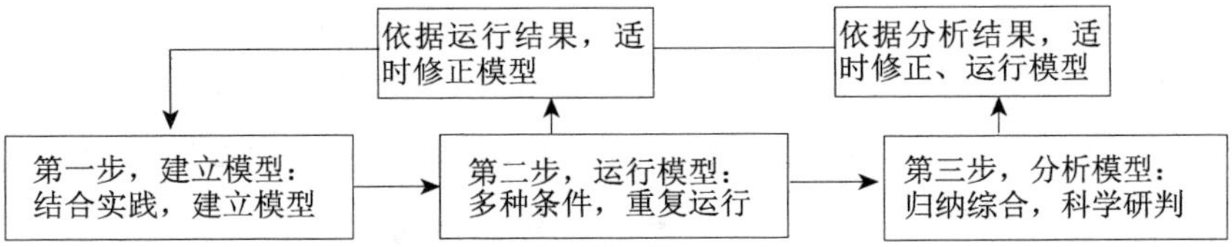

图5-1　模拟决策法的应用程序

第一步，建立模型。模型是模拟决策法的工具，因此模拟决策法的首要任务是建立模型。模型的种类很多，包括计算机模型、实验室沙盘、试点单位和模拟演练行动等。为了使方案及其现实系统能在模型中得到充分验证，在建立模型时务必系统考量现实系统，将与方案无关的要素剔除出去、保留与方案直接相关的要素，确保模型在结构、功能、机制、条件等方面与现实系统同构同态，确保模型的真实性。

需要说明的是，模型的建立不是一蹴而就的，而是不断地调整修正的。在第二步运行模型和第三步分析模型之后，都可能得到新的信息，进而重新修正、运行和分析模型。

第二步，运行模型。运行模型可谓模拟决策法的中心环节。在这一阶段，让模型像现实系统一样运转，这也可被视为模拟执行方案。一是要输入不同的指标、模拟不同的条件，反复运行模型；二是详细、全面观察模型运行过程，记录模型运行结果；三是根据运行过程和结果，决定是否修订模型。

第三步，分析模型。这一过程旨在得出决策结果。首先，依据模型运行过程和结果，获得与方案执行有关的关键信息和重要因素。其次，对不同条件下的模型运行结果进行分析比较，作出最佳决策，或者明确方案执行所需条件。再次，分析模型运行结果是否与实际系统相匹配，是否与预期目标相契合；需要从哪些方面予以改进；不仅要研判模型运行的所有可能结果，还要据此研判方案全面实施后可能发生的各种情况；等等。最后，依据分析结果，决定是否修订模型并重新运行模型。

（三）应用模拟决策法的注意要点

第一，模型真实性。模拟决策法的核心要义就在于通过模型的运行，来判断所议方案在实际执行中的可行性和有效性，这要求模型与现实系统同构同态。如果不能做到这一点，模拟决策法的效果将会大打折扣。

第二，模型多样性。模型有很多种，包括计算机模型、实验室沙盘、试点单位、模拟演练行动等。每一种模型的实施门槛、适用范围是不同的，也各有优劣。因此，在社会组织管理过程中要注意决策实践的具体要求，选择建立适用于该情境的模型。

第三，模型反复性。一方面，在不同条件下反复运行模型，得出不同的运行结果，研判不同条件对所议方案的影响程度。另一方面，要注意循环优化，在运行模型和分析模型时，要依据实际情况重新建构模型，从而作出更加科学的决策。

（四）模拟决策法的适用范围

第一，开展具有不确定性的行动，为规避风险，可采用模拟决策法。

在决策时，如果行动具有极强的不确定性，面临较多风险，此时通过模拟决策法可以掌握影响决策的各种条件和要素，有助于提高行动的确定性，降低执行行动所面临的风险。

第二，开展具有开创性的行动，为取得经验，可采用模拟决策法。如果要开展一项社会组织从未开展过的行动，需要取得执行经验，在此基础上逐步改进方案、提高执行能力和操作技能，此时模拟决策法的作用非常明显。

第三，开展具有复杂性的行动，为删繁就简，可采用模拟决策法。一些大型项目，其关联要素比较复杂、涉及面较广、投入资源较多、耗时费力，通过模拟决策法，可从模拟过程中客观地认识实践过程，从而对决策实施过程进行准确分析，把握关键要素，防止决策失败，造成资源浪费。

第四，开展具有多样性条件的行动，为适应环境，可采用模拟决策法。当某一决策面临的环境较为复杂，依赖各种外部条件，此时可通过模拟决策法研判影响执行过程和执行效果的不同条件，审慎决策。

三、评价

（一）模拟决策法的优点

第一，准确可靠。模拟决策法利用同态性原理，将决策嵌入执行过程，实现了模型与现实系统的联结，有助于更为真实地把握执行过程中可能面临的各种不确定因素，提高决策的准确性、可靠性。在决策过程中，既要重视“求理于吾心”，又要做到“求知于行动”，达到决策嵌入执行的效果。模拟决策法便是将“知”与“行”有机融合的重要方法。

第二，可以反复优化。由于模型具有虚拟性，因此可以反复运行、循环优化，有助于全方位地研判影响方案执行过程及效果的不同要素和各种条件，可有效规避所议方案的执行风险。这种反复的检验和论证，也能够有效提高人们对所议方案和所议论题的认识水平。

第三，容许出现错误。模拟决策法具有虚拟性和试验性，在模型运行中即使出现错误，也无大碍。相反，出现错误反而增加了“经验”，有利于正式执行方案时予以规避或改进。同时，这种容许出现错误的决策情境，也便于决策者放开手脚，大胆试验和探索，这样更利于改革和创新。

第四，省时高效。面对复杂庞大的现实系统，如果进行实地测试与研究，不仅可行性较低，而且需要耗费较多的人力、物力和时间。利用缩小的、模拟的模型，可以快速地掌握现实系统的特性，不仅提高了决策的准确性和可靠性，而且可使决策更为省时高效①。

（二）模拟决策法的缺点

第一，高度依赖模型。模拟决策法对模型高度依赖，这对模型的建立与修订提出了较高要求。然而，模型极可能与现实系统存在偏差，会影响决策研判效果。即使通过模型的不断优化，可以提高模型与现实系统的相似性，但模型运行过程中的统计、观察和分析等仍可能与现实存在误差。

第二，认识多于决策。模拟决策法的作用更多地在于，可以帮助决策者认识事物的全貌，而不是直接决策；可以指出所议方案的一般性后果，而不能代替决策。换言之，模拟决策法需要决策者有丰富的经验和较强的洞察力，只有这样才能将认识与决策有机衔接起来。

第三，人员要求较高。模型的建立、运行和分析都需要相关人员具有较强的管理与分析能力和丰富的实践经验，因此模拟决策法对合适的分析人员的依赖性较高。而这一点在社会组织管理实践中并不容易实现，合适的分析人员并不易得。因此，对分析人员的较高要求限制了模拟决策法的适用范围。

① 魏娜：《公共管理的方法与技术》（第二版），中国人民大学出版社2011年版，第178页。

第六章　德尔菲法

一、缘起

（一）专业决策

社会组织经常会遇到一些非常专业的工作，比如评估社区日间照料中心、评估政府购买服务项目、对专项发展规划编制思路提出建议（如民政事业五年发展规划）、研究并提出行业政策等。这些专业性较强的工作，势必需要发挥专家作用，利用其专业知识提出专业性的对策和建议。那么，社会组织如何处理和应对专业性较强的工作任务？采用何种办法可以使社会组织的行动方案更具专业性，更符合专业的决策情境？

（二）独立思考

在社会组织管理实践中，利用“外脑”、聘请外部专家都是常见的事情。在这一过程中，如何发挥专家集体决策的优势，实现多类型专家的专业互补？如何使参与者的表达脱离权威、资历、口才和劝导等各种因素的影响？有没有一种合适的办法，既可以让每一个专家都独立地思考，又可以让专家们相互交流、相互启发？

（三）系统思考

头脑风暴法在激发灵感、促进创新方面是有效的，其所提出的往往是“观点”和“灵感”，对于行动方向的选择大有裨益，但无法形成系统的方案。同时，为有效激发与会人员的心理活动效率，头脑风暴小型会议召开之前并不向与会人员提出所论议题，与会人员因此而缺乏充足的思考和研判时间，这并不适用于专业性较强的领域。那么，如何规避头脑风暴法的这些缺憾？在利用外部专家时，如何使专家有充足的时间进行思考和研判？如何使决策方案更加深入、系统？

（四）集体研判

“兼听则明，偏信则暗。”在决策时，需要多方面听取意见，否则就极可能作出错误的判断。不同的知识结构、专业背景、价值取向和实践经历等导致每个人掌握的信息必然存在差异，关注的要点也会大不相同，因此集体研判对保证社会组织决策的稳健性和科学性至关重要。哪种方法能够促进实现决策过程的集体研判？

解决上述问题，德尔菲法是一个不错的选择。“德尔菲法既能发挥专家的集体智慧，又可以避免专家会议的缺点。通过背靠背地发表意见，可以把心理因素的影响降到最低限度。这种方法对于解决被认为有困难的、有争论的和带有感情色彩的问题相当有效。”[①]

德尔菲[②]法产生于20世纪40年代，由O.赫尔姆和N.达尔克首创，经过改进发展后，由美国兰德公司于1946年首次运用到预测中，此后该方法便被推广开来，成为被广泛应用的管理方法[③]。

德尔菲法的实质是匿名专家的多轮预测，也被称为专家背靠背地多轮

① 西武：《管理方法：100年来最具影响力的28个经典法则》，电子工业出版社2013年版，第137页。

② 德尔菲是古希腊神话中的神谕之地，有一座可以预卜未来的神庙。该方法借用这一名字来命名，旨在强调其在预测领域的有效性。

③ 么秀杰：《最有效的100个常用管理方法》，人民邮电出版社2013年版，第29页。

通信预测。德尔菲法是一种匿名的专家调查法，采用通信方式或者由中间人分别将所需解决问题单独发送给每位专家，征询意见。首轮征询结束后，管理者回收并汇总、归纳综合全部专家的意见，再将该综合意见分别发送给每位专家并征询新一轮的意见，经过多次反复，直到获得较为一致的意见或满意的决策为止。

二、应用

（一）德尔菲法的作用机理

第一，四种要素的有机关联。概括而言，德尔菲法由议题、征询表、征询者（协调者）和专家等四个要素构成。议题是德尔菲法的核心和缘起，其他要素都围绕着议题。征询表是议题的纸质（或电子）载体，也是征询者和专家之间、不同专家之间进行交流所使用的工具。一般而言，征询表要对德尔菲法作出简要说明，问题要集中、单一，避免组合议题的出现，用词要简明、准确，征询表要尽量简化。征询者（协调者）是议题的提出者、征询表的编制者、专家的选择者、征询意见的归纳整理者和征询轮次的确定者。专家的任务就是根据征询表，对议题进行分析和研判，明确提出意见。这四个要素都是德尔菲法应用的有机组成部分，在不同的层面上影响着德尔菲法的应用质量。

第二，匿名专家的多轮交互。德尔菲法有着鲜明的特征：一是专业性，适用于专业性较强的决策领域。由专家参与，专家依据其经验、学识和智慧对议题进行预测与分析。二是匿名性，专家以匿名的方式表达意见。各个专家之间不面对面直接讨论征询议题，而是背靠背地依据自己的独立判断提出意见和建议。三是多轮交互性，在每次征询结束之后，征询者（协调者）将专家意见归纳汇总，形成新一轮次的征询表，再次发放给专家，多轮往复，直到专家们的意见相对统一或管理者得到满意方案才停止。整个过程表面上是多轮次的意见征询，实质上是专家依据征询表进行沟通，既独立思考，又相互启发。显然，这种反复征询、多轮次沟通，能够使分析更加深入、系统，得到的分析结果也相对更为合理。

（二）德尔菲法的应用程序

德尔菲法的应用大致可分为三个阶段（如图6–1所示）。

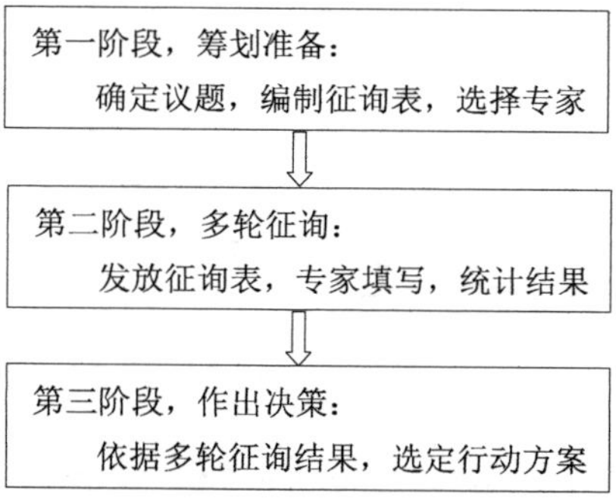

图6–1　德尔菲法的应用程序

第一阶段，筹划准备。这一阶段主要有三个任务：一是社会组织管理者针对工作任务确定议题；二是根据议题编制征询表；三是围绕议题选定专家，既包括确定专家数量、分布结构等，又包括与专家进行沟通，取得专家的同意。

第二阶段，多轮征询。这是应用德尔菲法的核心阶段。对于征询者（协调者）而言，这一阶段有三个任务：一是发放、回收征询表；二是与专家保持沟通，解答专家提出的疑问，催促专家按时保质返回征询表；三是在回收征询表之后，整理、统计和归纳专家意见，重新编制征询表。对于专家而言，主要任务就是围绕议题、依据征询表，充分搜集相关资料，利用自己的学识作出专业判断，提出专业的意见和建议。需要强调的是，这一阶段具有不确定性——征询的轮次因意见征询结果的不同而不同，如果能够较好地取得专家们的共识，则征询轮次较少；反之亦反。

第三阶段，作出决策。依据多轮征询结果，选定行动方案。

（三）应用德尔菲法的注意要点

第一，专家的选择要合理。使用德尔菲法的目的就是利用专家的智识，因此合理地选择专家是应用德尔菲法的基础性工作。在选择专家时要注意如下几个方面：一是专业领域的契合性。“术业有专攻”，所选专家应熟悉决策领域，在该领域有专长、有造诣。二是覆盖全面，结构合理。有些决策涉及多个领域，需要多种专业知识，所以在选择专家时要科学分析决策所涉领域，力争涵盖涉及的所有领域。同时，还要注意专家的类别，如研究者、管理者、操作者等。只有保证专家的结构合理，才能实现专家之间的优势互补，使决策的考量面更加周延。三是人数要有控制。专家人数过少，结构的合理性难以保证；专家人数过多，则成本较高。一般而言，专家人数不超过20人。当然，可根据实际情况增减。四是服从保密需要。如果决策议题涉及组织机密，最好从组织内部选择专家。五是参与意见征询的专家要接受并遵守预先约定的规则，如认真研判议题、充分搜集资料、独立提出观点、按时返回征询表等。

第二，征询表的编制要科学。征询表是德尔菲法的工具，也是沟通各方的载体，所以征询表的编制必须科学。编制征询表要注意如下几个方面：一是内容要完整，尤其是关于议题和调查目的的说明要清楚明确；同时，内容要系统全面地涵盖议题，以最大限度地获得专家的评价和预测。二是用词要准确，避免模糊或含义不清的词语出现，以确保所有专家在字面上的理解具有同一性。三是题目数量要适中。征询问题如果过多，则容易引起专家的“逆反”心理，导致其不愿真实表达意见。征询问题过多也容易致使专家简单应付，随意作答，无法获得专业信息和可靠建议。四是议题要单一，论题要集中。切忌在一个征询表中征询两个及以上的议题。五是问题排序、问题设计要科学，如先整体后局部，先简单后复杂[①]，提问要清晰准确等。

① 王国华、梁樑：《决策理论与方法》（第二版），中国科学技术大学出版社2014年版，第114页。

第三，征询意见的归纳要全面。在回收征询表之后，征询者（协调者）要对其中的每个项目进行整理、分析和归纳，既要对相同和相似观点进行合并，又要将不同的观点归纳进新的征询表。既要详细阐释专家意见，不得缺漏，讲述明白，又要注意简洁、直观，避免建立烦琐的数学模型。征询者（协调者）与某位专家的观点不一致时，切忌随意删除或修改专家意见；当专家意见表述不清晰时，征询者（协调者）要及时与专家联系，征得明确意见和建议。

第四，轮次的确定要准确。德尔菲法需要开展多轮次意见征询，以实现专家之间的交流，促进专家向纵深方向思考，实现全面、系统的研判和预测。这对意见征询的轮次提出了严格要求，轮次少了，无法进行深入研判和预测；轮次多了，就会延迟决策时间、浪费组织资源、提高决策成本。征询者（协调者）不仅要合理把握节奏，而且要适时研判意见征询结果，如果意见征询结果达到了决策要求，则可以结束征询，作出决策。

（四）德尔菲法的适用范围

第一，专业性的决策领域。德尔菲法能够充分发挥专家的作用，因此凡涉及相对专业的决策，社会组织管理者皆可采用德尔菲法。

第二，复杂的决策情境。如果决策情境关涉要素较多且较为复杂，就可运用德尔菲法，充分发挥不同类型的专家的作用，以此来消解复杂情境的不利影响。比如，某社会组织承接了一个行业管理项目，研究某地养殖户所养螃蟹突然大量自然死亡（已排除投毒等人为因素）的原因。该项目就处于非常复杂的情境，涉及地理、生物、化学、物理等各种要素，绝非某个单一领域专家可以完成。为此，该社会组织采用德尔菲法征询了上述各个领域专家的意见，最后设计了一个研究方案并付诸实施，找到了影响螃蟹养殖、导致螃蟹死亡的主要诱因。

第三，有弹性的决策时间。德尔菲法需要较长时间，编制征询表、选择专家、多轮次匿名评审等各个环节均需要一定的时间。因此，德尔菲法不适用于较为紧急的决策，只适用于那些有充足的、弹性的决策时间的情形。

(五) 德尔菲法的应用示例

随着人口老龄化的加剧，居家养老服务的需求日益增长，社区日间照料中心也越来越多。正确评估社区日间照料中心的建设和服务成效，便成为加强对社区日间照料中心的管理、提升其服务效能的关键之所在。某社会组织的决策小组选择了10位专家（包括3位政府官员、5位学者和2位一线工作人员），采用德尔菲法来设计和论证社区日间照料中心的评估指标。

1. 第一轮评估

决策小组通过查阅资料和研究，设计了第一轮社区日间照料中心评估指标体系征询表（如表6-1所示）。

表6-1　社区日间照料中心评估指标体系征询表（第一轮）

序号	一级指标	二级指标	判断
1	指标Ⅰ	指标Ⅰ-1	A.保留　B.删除　C.修改（请注明）
		指标Ⅰ-2	A.保留　B.删除　C.修改（请注明）
		指标Ⅰ-3	A.保留　B.删除　C.修改（请注明）
		有无新增（请注明）	
2	指标Ⅱ	指标Ⅱ-1	A.保留　B.删除　C.修改（请注明）
		指标Ⅱ-2	A.保留　B.删除　C.修改（请注明）
		指标Ⅱ-3	A.保留　B.删除　C.修改（请注明）
		指标Ⅱ-4	A.保留　B.删除　C.修改（请注明）
		指标Ⅱ-5	A.保留　B.删除　C.修改（请注明）
		有无新增（请注明）	
3	指标Ⅲ	指标Ⅲ-1	A.保留　B.删除　C.修改（请注明）
		指标Ⅲ-2	A.保留　B.删除　C.修改（请注明）
		有无新增（请注明）	
4	指标Ⅳ	指标Ⅳ-1	A.保留　B.删除　C.修改（请注明）
		指标Ⅳ-2	A.保留　B.删除　C.修改（请注明）
		指标Ⅳ-3	A.保留　B.删除　C.修改（请注明）
		有无新增（请注明）	

续 表

序号	一级指标	二级指标	判断
5	有无新增（请注明）		
填表说明：（1）请就每一指标作出判断，勾选“保留”“删除”和“修改”当中的某一项。（2）如果勾选“修改”，请注明修改原因及修改建议。（3）若需要新增指标（含一级指标和二级指标），请注明。（4）新增指标、修改指标的理由可另附纸写明			

首先，该征询表包括4个一级指标，这4个一级指标又分别包含若干个二级指标。其次，在征询表中明确要求专家对每一个二级指标提出意见——保留、删除或者修改。对于要修改的二级指标，需要专家明确写出修改理由和修改建议。最后，在征询表中明确要求专家判断所列一级指标和二级指标是否完整，若需增加，需要专家注明增加哪些指标并阐明理由。

2.第二轮评估

在收到第一轮专家意见之后，决策小组进行了整理和归纳，形成了第二轮征询表（如表6-2所示）。

表6-2　社区日间照料中心评估指标体系征询表（第二轮）

序号	一级指标	二级指标	判断（第一轮征询结果）
1	指标Ⅰ	指标Ⅰ-1	A.保留（100%） B.删除（0） C.修改（0）（请注明）
		指标Ⅰ-2	A.保留（90%） B.删除（10%） C.修改（0）（请注明）
		指标Ⅰ-3	A.保留（90%） B.删除（10%） C.修改（0）（请注明）
		指标Ⅰ-4（新增）	A.保留 B.删除 C.修改（请注明）
		有无新增（请注明）	
2	指标Ⅱ	指标Ⅱ-1	A.保留（100%） B.删除（0） C.修改（0）（请注明）
		指标Ⅱ-2	A.保留（100%） B.删除（0） C.修改（0）（请注明）
		指标Ⅱ-3	A.保留（100%） B.删除（0） C.修改（0）（请注明）
		指标Ⅱ-4	A.保留（90%） B.删除（10%） C.修改（0）（请注明）
		指标Ⅱ-5	A.保留（60%） B.删除（30%） C.修改（10%）（请注明）

续　表

序号	一级指标	二级指标	判断（第一轮征询结果）
2	指标Ⅱ	指标Ⅱ-6（新增）	A.保留　B.删除　C.修改（请注明）
		有无新增（请注明）	
3	指标Ⅲ	指标Ⅲ-1	A.保留（100%）B.删除（0）C.修改（0）（请注明）
		指标Ⅲ-2	A.保留（100%）B.删除（0）C.修改（0）（请注明）
		有无新增（请注明）	
4	指标Ⅳ	指标Ⅳ-1	A.保留（60%）　B.删除（30%）C.修改（10%）（请注明）
		指标Ⅳ-2	A.保留（60%）　B.删除（30%）C.修改（10%）（请注明）
		指标Ⅳ-3	A.保留（60%）　B.删除（30%）C.修改（10%）（请注明）
		有无新增（请注明）	
5	指标Ⅴ（新增）	指标Ⅴ-1	A.保留　B.删除　C.修改（请注明）
		指标Ⅴ-2	A.保留　B.删除　C.修改（请注明）
		指标Ⅴ-3	A.保留　B.删除　C.修改（请注明）
		有无新增（请注明）	
6	有无新增（请注明）		
填表说明：（1）请就每一指标作出判断，勾选“保留”“删除”和“修改”当中的某一项；其中，每一选项后面的百分比为第一轮征询统计结果。（2）如果勾选“修改”，请注明修改原因及修改建议。（3）若需要新增指标（含一级指标和二级指标），请注明。（4）新增指标、修改指标的理由可另附纸写明			

从表6-1和表6-2中不难发现，在第一轮意见征询过程中，专家们的意见主要体现在如下两个方面：第一，大部分二级指标得到了专家的认可，但专家对部分指标有一些不同意见，如指标Ⅰ-2、Ⅰ-3、Ⅱ-4、Ⅱ-5及指标Ⅳ的所有二级指标。第二，专家建议新增2个二级指标（指标Ⅰ-4和指标Ⅱ-6），1个一级指标（指标Ⅴ）。同时，在第二轮征询过程中，决策小组仍然要求专家对二级指标进行取舍判断，并要求专家就是否增加新的指标提出意见和建议。

3. 第三轮评估

表6-3是决策小组对第二轮征询意见进行整理后制作的新征询表。

表6-3　社区日间照料中心评估指标体系征询表（第三轮）

序号	一级指标	二级指标	判断（第二轮征询结果）
1	指标Ⅰ	指标Ⅰ-1	A.保留（100%） B.删除（0） C.修改（0）（请注明）
		指标Ⅰ-2	A.保留（100%） B.删除（0） C.修改（0）（请注明）
		指标Ⅰ-3	A.保留（100%） B.删除（0） C.修改（0）（请注明）
		指标Ⅰ-4	A.保留（100%） B.删除（0） C.修改（0）（请注明）
		有无新增（请注明）	
2	指标Ⅱ	指标Ⅱ-1	A.保留（100%） B.删除（0） C.修改（0）（请注明）
		指标Ⅱ-2	A.保留（100%） B.删除（0） C.修改（0）（请注明）
		指标Ⅱ-3	A.保留（100%） B.删除（0） C.修改（0）（请注明）
		指标Ⅱ-4	A.保留（100%） B.删除（0） C.修改（0）（请注明）
		指标Ⅱ-5	A.保留（100%） B.删除（0） C.修改（0）（请注明）
		指标Ⅱ-6	A.保留（100%） B.删除（0） C.修改（0）（请注明）
		有无新增（请注明）	
3	指标Ⅲ	指标Ⅲ-1	A.保留（100%） B.删除（0） C.修改（0）（请注明）
		指标Ⅲ-2	A.保留（100%） B.删除（0） C.修改（0）（请注明）
		指标Ⅲ-3（新增）	A.保留（100%） B.删除（0） C.修改（0）（请注明）
		有无新增（请注明）	
4	指标Ⅳ	指标Ⅳ-1	A.保留（70%） B.删除（10%） C.修改（20%）（请注明）
		指标Ⅳ-2	A.保留（70%） B.删除（10%） C.修改（20%）（请注明）
		指标Ⅳ-3	A.保留（70%） B.删除（10%） C.修改（20%）（请注明）
		有无新增（请注明）	
5	指标Ⅴ	指标Ⅴ-1	A.保留（100%） B.删除（0） C.修改（0）（请注明）
		指标Ⅴ-2	A.保留（100%） B.删除（0） C.修改（0）（请注明）
		指标Ⅴ-3	A.保留（90%） B.删除（10%） C.修改（0）（请注明）
		有无新增（请注明）	

续　表

序号	一级指标	二级指标	判断（第二轮征询结果）
6	指标Ⅵ（新增）	指标Ⅵ-1	A.保留　B.删除　C.修改（请注明）
		指标Ⅵ-2	A.保留　B.删除　C.修改（请注明）
		有无新增（请注明）	
7	有无新增（请注明）		
填表说明：（1）请就每一指标作出判断，勾选“保留”“删除”和“修改”当中的某一项；其中，每一选项后面的百分比为第二轮征询统计结果。（2）如果勾选“修改”，请注明修改原因及修改建议。（3）若需要新增指标（含一级指标和二级指标），请注明。（4）新增指标、修改指标的理由可另附纸写明			

从表6-3可以看出，经过第二轮征询，专家们的意见进一步统一了，在第一轮征询中有争议的那些指标，在第二轮征询中或者取得了共识（如指标Ⅰ-2和Ⅰ-3），或者分歧变小（如指标Ⅳ）。同时，专家又建议新增指标Ⅵ，这说明专家对指标体系的认识更加深入和全面了。当然，在第三轮征询时，决策小组仍然要求专家对指标作出评价，并提出是否需要新增指标。

4.作出选择

经过三轮意见征询，专家基本上得出了较为一致的意见（如表6-4所示）。尽管针对部分指标专家仍有不同意见，如指标Ⅳ的三个二级指标和指标Ⅵ-1，但分歧不大且涉及面小，所以无须再进行意见征询。因此，决策小组停止了意见征询，而将前三轮的意见作为决策依据。

表6-4　社区日间照料中心评估指标体系征询表（决策依据）

序号	一级指标	二级指标	判断（第三轮征询结果）
1	指标Ⅰ	指标Ⅰ-1	A.保留（100%）B.删除（0）C.修改（0）（请注明）
		指标Ⅰ-2	A.保留（100%）B.删除（0）C.修改（0）（请注明）
		指标Ⅰ-3	A.保留（100%）B.删除（0）C.修改（0）（请注明）
		指标Ⅰ-4	A.保留（100%）B.删除（0）C.修改（0）（请注明）

续 表

序号	一级指标	二级指标	判断（第三轮征询结果）
2	指标Ⅱ	指标Ⅱ-1	A.保留（100%） B.删除（0） C.修改（0）（请注明）
		指标Ⅱ-2	A.保留（100%） B.删除（0） C.修改（0）（请注明）
		指标Ⅱ-3	A.保留（100%） B.删除（0） C.修改（0）（请注明）
		指标Ⅱ-4	A.保留（100%） B.删除（0） C.修改（0）（请注明）
		指标Ⅱ-5	A.保留（100%） B.删除（0） C.修改（0）（请注明）
		指标Ⅱ-6	A.保留（100%） B.删除（0） C.修改（0）（请注明）
3	指标Ⅲ	指标Ⅲ-1	A.保留（100%） B.删除（0） C.修改（0）（请注明）
		指标Ⅲ-2	A.保留（100%） B.删除（0） C.修改（0）（请注明）
		指标Ⅲ-3	A.保留（100%） B.删除（0） C.修改（0）（请注明）
4	指标Ⅳ	指标Ⅳ-1	A.保留（90%） B.删除（10%） C.修改（0）（请注明）
		指标Ⅳ-2	A.保留（90%） B.删除（10%） C.修改（0）（请注明）
		指标Ⅳ-3	A.保留（90%） B.删除（10%） C.修改（0）（请注明）
5	指标Ⅴ	指标Ⅴ-1	A.保留（100%） B.删除（0） C.修改（0）（请注明）
		指标Ⅴ-2	A.保留（100%） B.删除（0） C.修改（0）（请注明）
		指标Ⅴ-3	A.保留（100%） B.删除（0） C.修改（0）（请注明）
6	指标Ⅵ	指标Ⅵ-1	A.保留（90%） B.删除（10%） C.修改（0）（请注明）
		指标Ⅵ-2	A.保留（100%） B.删除（0） C.修改（0）（请注明）
填表说明：（1）此表系根据第三轮征询意见而整理。（2）请就每一指标作出判断，勾选“保留”“删除”和“修改”当中的某一项；其中，每一选项后面的百分比为第三轮征询统计结果。（3）如果勾选“修改”，请注明修改原因及修改建议。（4）若需要新增指标（含一级指标和二级指标），请注明。（5）新增指标、修改指标的理由可另附纸写明			

三、评价

（一）德尔菲法的优点

第一，充分发挥专家在决策过程中的作用。一方面，德尔菲法以专家集体为决策主体。另一方面，德尔菲法通过“背靠背”和多轮交互等方式，既能够让每一个专家自由、独立、真实地发表意见，又能够实现专家之间的反复交流，还能够在多轮次征询意见的过程中促使专家进行深入思考。专家作用的发挥有助于提升决策的专业水准和科学水平，使社会组织在专业的、复杂的决策情境中取得突破。

需要强调一点，德尔菲法和头脑风暴法都可以发挥专家的作用，但由于德尔菲法强调多轮次匿名交互，有助于专家之间更为深入地交流和互动，多轮次交互也使专家的思考更为深入和系统。这是德尔菲法相对于头脑风暴法的优点。

第二，适用性较强、应用范围较广。从适用范围上不难看出，德尔菲法的适用性较强，可广泛地运用于社会组织管理的多个层面。当然，其主要依赖专家的判断，属于“借力”决策，社会组织管理者主要开展征询表编制和意见整理归纳工作，操作难度相对较小。

第三，有助于社会组织管理者化难为易。社会组织管理者不是万能的，与复杂多样的社会服务和公共治理实践相比，任何一个社会组织管理者都面临着智识不足的困境。德尔菲法有助于解决这一问题，帮助社会组织管理者化难为易——借用“外脑”、利用专家来决策，将专家的专业智识吸纳进自己的决策之中，解决了自身智识不足的问题。

（二）德尔菲法的缺点

在肯定德尔菲法优点的同时，也需要重视其缺点，主要包括如下几个方面。

第一，时间耗费相对较多。一方面，德尔菲法需要专家多轮次匿名交互，其间还需要决策小组进行统计、整理和归纳，以及邮寄和传递征询表等，这些环节都需要耗费一定的时间。另一方面，专家填写征询表所需时间是有差异的，有些专家用时较少，很快就能返回征询表，而有些专家则需要较长的时间才能返回征询表，用时最长的专家决定了意见征询所需的时间。上述两方面都意味着德尔菲法的时间耗费相对较多，不适用于对时间的限定性要求较高的情形。

第二，专家行为难以控制。虽然在联系专家时，以及在制作意见征询表的过程中，征询者都会对专家提出各种各样的要求，但在应用德尔菲法的过程中，专家的行为是难以控制的。征询意见的填写是专家独自完成的，专家是否充分搜集、分析了相关信息，是否认真研判征询表所载内容，是否尽心尽力地进行了思考等，都完全取决于其责任心。一旦专家行为失范，德尔菲法的决策结果就值得怀疑。

第三，征询框架束缚思考。征询表在德尔菲法的应用过程中具有重要地位，这容易出现两个问题：一是征询表的栏目设计不全面，存在各种缺憾。二是征询表设定了问题框架，对专家的研判范围进行了限定，限制了专家的思维。这两方面的问题要求社会组织管理者在应用德尔菲法时，应充分论证征询表，使其全面、系统、清晰、准确，便于专家使用；同时，要注意征询框架的开放性，设计一些开放性问题，防止对专家的思维构成限制。

第二编

社会组织计划制定和执行常用方法

第七章　甘特图法

一、缘起

（一）面临无序之抱怨

一方面，社会组织管理者常常抱怨，本组织同时承接了好几个政府委托项目，但无法做到井井有条、统筹兼顾，甚至感到力不从心；很多时候，所承接项目快要到结项评估期限了，社会组织才匆匆忙忙地组织力量“赶工”，导致项目执行质量不高；项目管理组在执行项目时没有章法、随性而动，使项目执行面临太多不确定性；等等。

另一方面，社会组织成员也常常抱怨，项目管理无章无序，工作进度安排不合理，时而无事可做，时而忙得不可开交；社会组织每个月、每个季度、每年都要印发工作计划，但工作人员收到文件以后往往将其束之高阁，工作计划也就成为一纸空文。

如何避免上述问题，解决社会组织管理者和工作人员面临的工作无序的烦恼？

（二）面临决策之执行

决策执行是“主观见之于客观”的活动，是将理想方案实施于客观物质的实践过程。社会组织总是面临一个又一个的执行行动。那么，哪种管理方法可以将决策变为有序的、具体的执行行动？如何来控制决策执行的进度，指导执行过程？

（三）面临项目进度之掌控

随着全面深化改革的持续推进，政府向社会力量购买服务的力度势必会越来越大，范围也会越来越广。在此情况下，社会组织承接政府购买服务项目的情形将会越来越多。因此，项目管理的好坏、项目执行的优劣将会成为决定社会组织成败的关键，高质量地把握项目进度，是社会组织竞争力强的基本表现。

哪种方法能够帮助社会组织提高项目管理的质量？哪种方法便于社会组织指导和控制项目的进度，使社会组织有条不紊地推进项目的实施？

甘特图法可以有效应对上述问题。甘特图又叫横道图、展开图、横线工作法，是由亨利·甘特于20世纪初发明的。甘特图是一种线条图，横向表示时间，纵向表示项目活动（项目工作的具体内容），图内以线条、数字、文字代号等来表示每一个工作任务、工作节点或工作环节的计划进度和实际进度。

二、应用

（一）甘特图法的作用机理

一方面，执行的实质就是工作任务和时间节点的交融。决策和项目的执行包括两个基本维度：工作任务和时间期限。因此可以说，执行就是在特定时间做特定工作，到某个时间节点完成某项工作任务。甘特图法遵循执行的这一本质，将两个维度整合进同一个线条图当中，纵向展示计划的工作任务、环节或具体项目，横向展示时间刻度，纵横交叉形成的第三维度——图中的线条表示计划完成的活动和实际的活动完成情况。这样就可以清晰明了地呈现工作任务、时间节点及其交叉关系，从而直观、简明地展现整个执行过程。比如，通过图7-1我们能够很清楚地看出每一项工作的起始时间以及预期结束时间，对管理者、执行者（具体操作者）都可以起到很好的指示作用。

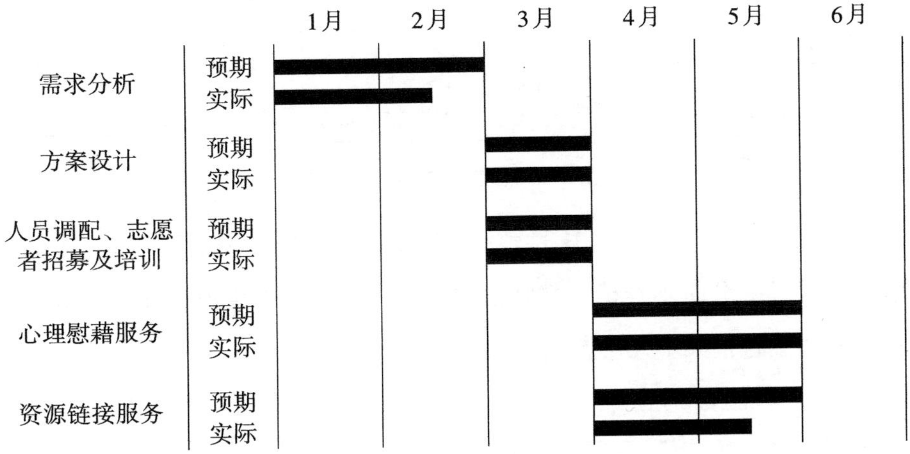

图7-1　甘特图法示例

另一方面，对执行的控制需要以预期进度和实际进度的比较为基础。决策和项目的执行过程是动态的，也具有很多不确定性，因此执行的实际过程就体现为预期进度和实际进度的差异。如果实际进度与预期进度相符，或者实际进度超过了预期进度，那么就可以说执行是有效率的；如果实际进度慢于预期进度，或者实际进度与预期进度关联不大，那么就可以说执行效率低。总之，高质量的执行过程管理需要适时比较实际进度和预期进度，并及时采取调控和纠偏措施。甘特图法能够帮助管理者动态地监控执行过程，在工作任务和时间节点的交叉处，除了绘制表示预期进度的线条之外，还根据执行过程绘制表示实际进度的线条，这样能够清晰地比较实际进度和预期进度。在图7-1中，方案设计，人员调配、志愿者招募及培训，心理慰藉服务等工作任务已经按时完成，而需求分析和资源链接服务却没有如期完成。社会组织管理者可以据此进行奖惩，也可以据此调整工作重心，重新分配资源、修改工作措施，以更好地推动项目实施。

（二）甘特图法的应用程序

应用甘特图法，需要遵循任务分析、图形绘制和实时监控三个步骤（如图7–2所示）。

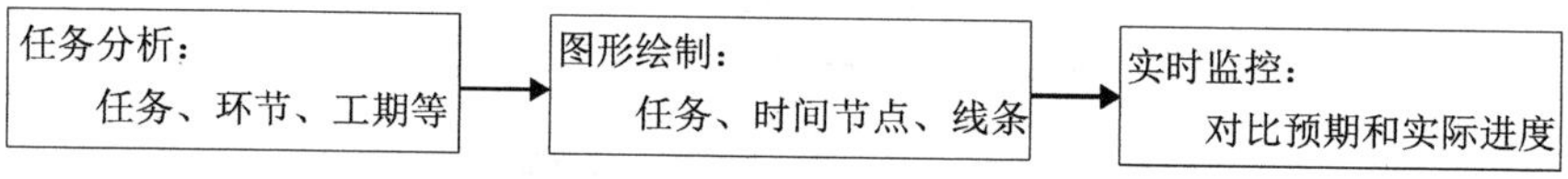

图7–2　甘特图法的应用程序

第一步，任务分析。这是整个甘特图法的核心，也是后续操作的依据。如果任务分析不准确，甘特图法的应用效果将会大打折扣。任务分析的内容主要包括如下几个方面。

一是系统研判整个任务。明确整个任务（决策的执行和项目的实施）包括哪些具体的工作、活动、环节等。同时，要对每一工作、活动或环节的具体内容、范围、名称等进行明确的界定。

二是系统研判执行小组。明确执行小组的构成、人员的数量、可以划分的具体执行单元等。如果执行单元较多，则可以在合理分工的基础上让同一执行小组同时承担不同的工作任务，同时推进并行工作任务的展开，这对工作、活动或环节的划分与界定有直接的影响。比如，在图7–1中，如果有两个执行单元，那么心理慰藉服务和资源链接服务就可以同时展开；如果只有一个执行单元，那么这两个服务就必须一前一后实施；如果有更多的执行单元，就可以同时安排更多的其他工作任务。显然，整个执行任务的研判和细分与执行单元的数量密切相关，两者应该有机结合、充分融合。

三是系统研判任务时间。明确每一工作、活动或环节的起始时间、持续时间等。这一过程要结合任务的难度、执行能力、以往的工作经验等进行确定。尤其要明确特定工作、活动或环节的最迟完成时间，这是开展下一工作、活动或环节的前提，也是保证整个执行工作有序展开的基础。

四是系统研判任务关系。明确不同工作、活动或环节之间的关系——是并列平行的还是紧前紧后的。明确任务之间的关系，是各个执行单元之间确定分工、集中资源攻克重点任务的依据，也是确定特定工作、活动或环节最迟完成时间的依据。

第二步，图形绘制。这是形象呈现工作任务和时间节点的过程，包括如下几个方面内容。

一是依据整个任务的持续时间确定时间刻度。如果整个任务周期只有一个月，那么时间刻度可以是“周”或者具体的日期；如果整个任务是半年或一年，那么时间刻度为“月”便较为合适。

二是依据任务分析，将每一个工作、活动或环节按照时间顺序在纵列以自上而下的方式逐次排列。

三是在工作任务和时间节点的交叉处，绘制条形图（从每一工作、活动或环节的开始时间延伸至结束时间）。这里需要注意控制预期进度条形图示的宽度，为实际进度图示的绘制留出空间。

四是将存在依赖关系（尤其是紧前紧后关系）的工作、活动或环节，以箭头形式标注出来。

五是对于一些关键性的“里程碑性”的任务及其节点，也可以用特殊标记注明，以提示管理者和执行小组予以重视。

第三步，实时监控。从工作性质的角度看，上述两步已经完成了执行工作的计划，第三步属于执行实践的范畴，指的是依据实际执行情况和工作进度，实时绘制表示实际进度的条形图，对比预期进度和实际进度，及时调整和纠偏。

（三）应用甘特图法的注意要点

第一，注意“三要素”的有机结合。就甘特图本身而言，它由时间刻度、具体任务和表示进度的条形图组成，这三个组成部分的背后是整个任务的内容构成、时间节点和执行小组的数量与执行行动。因此，除了系统研判任务的内容构成、时间节点和执行小组的数量与执行行动这三个要素的各自情况之外，还需要特别重视三个要素之间的相互关系，这是执行有序且有效的基本要求。

第二，注意要素分析的灵活组合。对于工作、活动或环节，可以依据它们的具体内容和执行小组的数量来进行拆分，也可以将同质性的任务组合成一个任务单元，以此来实现执行资源的优化配置、执行过程的有序展开。

第三，注意执行过程的实时监控。甘特图法就是“计划工作法”，对于决策方案执行和项目实施过程的计划安排十分有益。但在运用甘特图法时，绝不能止于计划安排，而应将之与执行过程紧密结合，通过实时监控执行过程、实时增绘表示实际进度的条形图来与预期安排进行对比，进而评估执行绩效、督促执行小组、调整执行措施、重置执行资源。换言之，甘特图法不仅具有计划安排和任务指引的功能，更具有考核评估、控制纠偏和激励督促的功能。只有将两种功能有机融合起来，才能真正提高社会组织的执行力。

第四，注意甘特图的变形使用。在具体的社会组织管理实践中，可以根据情况运用变形的甘特图来更好地安排工作。可以说，甘特图法的实质就是时间节点和工作任务交叉并重，借此实现执行过程的有序展开。因此，可以根据这一实质特性来变形使用甘特图，比如，横向表示时间，纵向则可以表示执行单元，中间用文字标识任务（如图7-3所示）。当然，也可以横向表示时间、纵向表示任务，中间则用文字明确标识各执行单元的行动起始。

		1月	2月	3月	4月	5月	6月
执行单元一	预期	1月6日前启动需求分析	2月6日前完成需求分析报告；2月10日前启动服务对象遴选工作	3月10日前完成服务对象遴选工作	4月20日前启动心理慰藉项目评估工作	5月8日前完成心理慰藉项目评估，并提交评估报告和整改方案	
	实际	已完成	任务一完成				
执行单元二	预期		2月10日至20日完成志愿者招募工作	3月10日前完成志愿者培训工作；3月25日前启动心理慰藉服务	4月中旬完成心理慰藉服务，并设计后续跟踪服务方案		
	实际		已完成				
执行单元三	预期			3月10日前完成志愿者培训工作；3月25日前启动资源链接服务	4月中旬完成心理慰藉服务，并设计后续跟踪服务方案	5月8日至18日开展资源链接服务自评工作，提交评估报告和整改方案	
	实际						

图7–3　甘特图法变形示例

（四）甘特图法的适用范围

在某种程度上可以说，任何一种工作计划的编制都可以运用甘特图法，尤其在如下情形中，甘特图法更为适用。

第一，自成独立单元的工作任务。比如，社会组织承接的某一个项目、某个部门或执行小组承接的单项工作（如某地残疾人的生活状况调查、留守儿童的发展状况调查、志愿者服务项目的评估）等。如果存在一个“任务丛”，且每一个任务之间没有明确关联，那么每一个任务都可以采用甘特图法来推进。但甘特图法是不适用于整个“任务丛”的，因为“任务丛”将会使甘特图庞杂无章，与其简洁明了的特性不符，也不利于使用者清晰地把握执行节奏，丧失了其指引和督促功能。

第二，工作任务的具体安排。甘特图法所能容纳的任务量是有限的，因此其适用于工作任务的具体安排，而不适用于社会组织的整体性管理。比如，甘特图法对于社会组织承接的某个服务项目的实施是适用的，但其不适用于社会组织的年度计划和长远发展规划等。

第三，环境相对稳定的工作情形。如果一项工作处于较为不确定的情境之中，竞争对手、服务对象以“对弈性”思维与社会组织交互，那么此项工作就不适用甘特图法。同时，甘特图法也不适用于持续时间较长的工作规划（如五年甚至更长的组织发展规划），因为随着时间的推移，环境势必发生较大变化，事先设计好的工作安排可能就不再适用。并且，谁也没有办法详细地安排很多年以后的工作进度。总而言之，甘特图法以具体工作安排为目的，为保证准确性和可行性，其适用于“变化”不大的工作情形。

三、评价

（一）甘特图法的优点

第一，直观性。甘特图可以非常直观地呈现工作任务的预期进度和实际进度，使用者既能清晰地计划和指导工作，又能准确地掌握工作进度、把握工作节奏，以便及时发现问题、查找原因并纠偏。

第二，便捷性。在应用中，社会组织管理者往往将甘特图挂在自己的办公室或项目组办公室，每天上班抬头一看就可以明确工作安排，非常便捷。

第三，广泛性。甘特图法不需要高超的技术，应用门槛较低，有利于在社会组织管理中推广和应用。目前，做图技术、印刷技术都比较普及，能够支持社会组织管理者顺利地制图和印图。另外，现在也有专门应用甘特图法的办公软件，这也可以帮助社会组织管理者非常便利地进行任务分析和制图。

（二）甘特图法的缺点

一方面，工作计划偏于静态，不能随着工作的推进而及时调整，缺乏弹性和环境适应性。这种特性限制了甘特图法的适用范围。如那些外部环境易变的情形、需要长期规划的情形都无法适用甘特图法。本书第八章所讲的滚动计划法可以规避甘特图法的这一缺憾。

另一方面，直观简洁的特性使甘特图法无法承载更多的信息。直观简洁是甘特图法的重要优点，但“成也萧何败也萧何”，如果工作任务较为复杂，涉及的工作环节较多、时间节点交错、执行小组和执行单元很多、工作任务之间的关联度很高等，甘特图就会显得非常零乱。

第八章　滚动计划法

一、缘起

（一）计划赶不上变化

在社会组织管理实践中，经常出现“计划赶不上变化”的情况——本来计划得很好，但在执行过程中却遭遇各种干扰，使得原有的工作不得不暂缓执行，让社会组织成员感到“朝令夕改”、无所适从。之所以出现这种情况，一方面是因为客观环境的变化不由主观意愿所决定；另一方面是因为工作计划本身并不完善，在应对不确定风险方面考虑不周。那么，何种管理方法能够规避“计划赶不上变化”的现象？

（二）甘特图法的缺憾

如本书第七章所述，甘特图法有清晰简明等优点，但制定的工作计划处于静态，不能随着工作推进和环境变化及时调整，也不适用于外部环境易变和长期规划的情形。那么，有没有弥补甘特图法缺憾的计划方法？

（三）动态控制执行行动

一方面，控制是管理的基本职能，社会组织管理者需要对方案执行过程进行实时动态监控。如何在工作计划方面体现动态控制，使控制工作实时嵌入执行过程?

另一方面，随着执行工作的深入，人们对事物的认识也在加深，原有的工作计划可能不再适应新阶段的要求，所以需要动态控制、及时纠偏。那么，哪一种计划方法在动态控制、及时纠偏方面功效显著?

滚动计划法能够有效应对上述问题。滚动计划法强调的是“滚动”——在执行短期计划的基础上，依据预期进度和实际进度的比较、环境变化情况、组织内部变化情况等进一步细化下一阶段的执行计划，“一步一个脚印”，如此循环往复，直至工作任务全部完成。

二、应用

(一) 滚动计划法的作用机理

第一，滚动计划法的基本思路是：在对工作任务进行科学分期的基础上，遵循“近细远粗、渐次计划”的原则，根据短期计划的执行情况、环境和社会组织内部的变化情况等，逐期滚动地修订下一阶段工作计划，由近及远、渐次推进，使短期计划、中期计划和长期计划有机结合、相互衔接（如图8-1所示）。

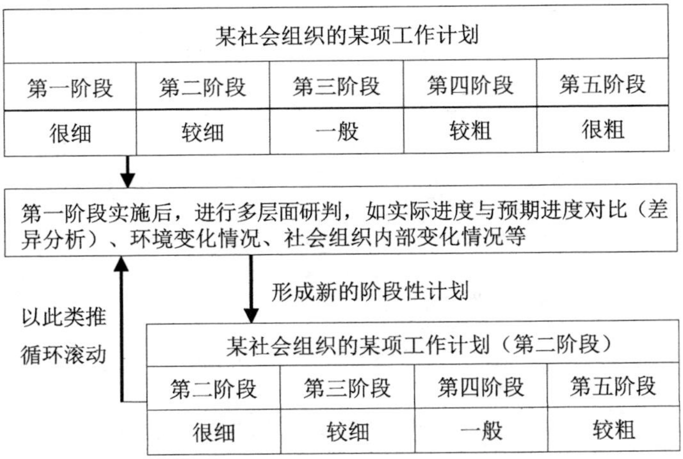

图8-1　滚动计划法示意图

第二，动态地看待工作计划及其执行。事物具有运动发展、动态变化的客观属性，在工作计划的制定及执行过程中需要谨慎对待事物的这种固有特征，只有这样才能提升工作计划的针对性、有效性和有序性。滚动计划法有鲜明的变化发展思维，强调工作计划不能一成不变，而应在第一阶段执行的基础上审慎计划下一阶段，如此循环往复，直至任务完成。这种“看一步走一步，走一步再看一步”的计划思路，不是得过且过不负责任之举，也不是看不到未来而手足无措的茫然之举，而是基于执行现实、稳扎稳打的实事求是之举。

第三，实时进行动态控制。控制的有效性取决于其及时性。滚动计划法依据对工作任务的科学分期，实施逐期控制，而不是等所有工作任务完成后再进行评估审视。从这一角度看，滚动计划法所秉持的控制思维是动态的，采取的控制及纠偏举措是及时的。

（二）滚动计划法的应用程序

应用滚动计划法大致需要遵循四个步骤，如图8–2所示。

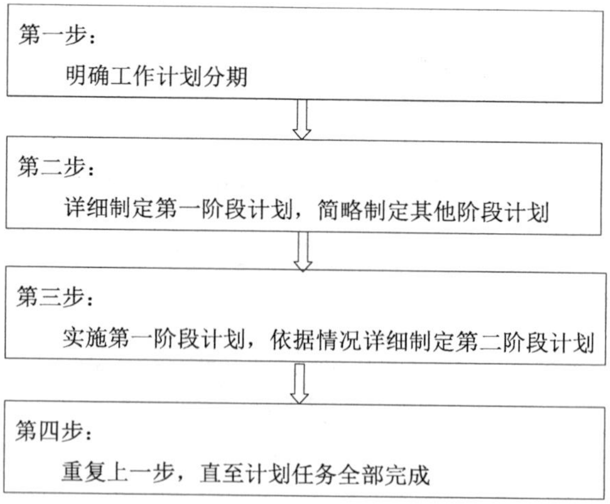

图8–2　滚动计划法的应用程序

第一步，明确工作计划分期。研判工作任务，根据工作内容、任务难度、资源条件限制、环境约束等将其分为若干阶段，也可以按季度、年度以及其他合适的方式分期。这是滚动计划法后续工作的基本依据。

第二步，详细制定第一阶段计划，简略制定其他阶段计划。根据工作计划分期，详细制定第一阶段的具体工作计划（可视为短期计划）；同时，粗略勾勒后续阶段的工作路线。

第三步，实施第一阶段计划，依据情况详细制定第二阶段计划。在执行第一阶段计划后，要审视预期进度和实际进度的差异，分析导致差异的原因；同时，要研判外部环境的变化及其对任务执行的影响、社会组织内部的变化及其对任务执行的影响（如组织资源数量的变化、组织其他工作任务的增减、组织使命和工作方针的变化等）。依据差异分析、环境分析和组织内部分析，详细制定第二阶段的计划，同时粗略制定后续阶段的工作计划。

第四步，重复上一步，直至计划任务全部完成。

（三）应用滚动计划法的注意要点

第一，工作任务的分期要科学。实施滚动计划法的基础是对工作任务进行科学分期，要根据工作任务的特性、环境变化的速度、组织执行资源的数量、对未来情况的预判等进行综合研判，科学分期。每一分期的间隔要适度，第一阶段的确定要非常谨慎（因为后续分期还可以进行调整）。

第二，严格遵循"近细远粗"的计划原则，系统分析和研究将要执行的分期计划（近期计划），以严谨的态度制定工作计划。因为后续的分期存在修改机会，而将要执行的分期计划（近期计划）却是要直接付诸实施的。在使用滚动计划法时不能忽略这一点。

第三，在修订计划时需要注意如下几个要素：一是总结前一阶段的执行经验。如在执行中，对有关问题的认识是否发生了改变，有没有获得以前没有掌握的新的重要信息，对所执行的工作方案作何评价，等等。二是比较预期进度和实际进度，分析两者之间的差异以及差异产生的原因。三是社会组织自身是否发生了改变。在前一阶段的执行过程中，社会组织自身可能发生了影响执行进度的新变化，如人财物等执行资源数量发生了改变，组织必须完成的任务出现了增加或减少的现象等。四是环境是否发生了变化，对方案执行有何影响。比如，有关的政策规定发生了变化、新的行业服务标准出台等。这四方面要素都会对下一阶段的执行产生影响，要细致综合研判，据此开展滚动计划工作。

（四）滚动计划法的适用范围

在某种程度上可以认为，任何一个工作计划都需要有弹性。因此，在进行计划安排时均可采用滚动计划法。如下情形更适合采用滚动计划法：社会组织内部变化较快、外部环境变化较快、工作任务的执行周期较长、工作任务的执行分期明显等。

三、评价

（一）滚动计划法的优点

第一，适应性。滚动计划法最突出的特点是有弹性、有灵活性，在对工作任务进行分期的基础上，“近细远粗，渐次计划”，针对执行过程中的具体情况，逐步调整执行进度和资源配置。这种有弹性的工作计划更能适应环境和组织自身的变化，使得计划具有较强的应变能力。同时，符合实际的工作计划也是科学计划的基本特征。

第二，互补性。甘特图法有简洁清晰、简便实用等特点，但其不适用于长期计划，也无法应对快速变化的执行情境。滚动计划法适用于长期计划且能够很好地适应环境的变化，可与甘特图法结合使用（在执行近期计划时配合使用甘特图法），这种互补的特性提升了计划的有效性。

第三，稳健性。滚动计划法遵循“看一步走一步，走一步再看一步”的计划思路，使社会组织能够很好地做到“走一步，看两步，想三步”，可以有效规避环境的不确定性给执行工作带来的不利影响。滚动计划法“一步一个脚印”，渐进调适、稳步推进，能够将短期计划、中期计划和长期计划有机衔接起来。这说明滚动计划法具有稳健性的特点，有利于推进社会组织长远战略的实施，也便于社会组织不断改进、持续发展。

（二）滚动计划法的缺点

一方面，问题的解决往往需要一定时间的坚持，滚动计划法在注重弹性化设计的同时，极可能将一些需要坚持的举措予以排除，不利于攻坚克难。因此，在实施滚动计划法时要审慎决定任务分期，科学研判预期进度和实际进度的差异，要明确哪些举措是必须坚持执行的，尽管在上一执行阶段这一举措并未达到预期效果。

另一方面，滚动计划法的分期调整，意味着每执行完一个分期就要调整一次工作安排，可能会给人朝令夕改的感觉。

第九章　目标管理法

一、缘起

（一）社会组织面临士气不高的困境

有的社会组织管理者抱怨：组织成员似乎坠入了“无欲望社会”，采取各种激励措施都无法激起其积极性和主动性；组织成员不愿主动承担责任，职业成就感极低；对于管理层提出的想法，组织成员都赞成（或最起码不会反对），但赞成仅停留在口头上或心理上，并不会落实到行动中；组织成员将社会组织的岗位作为一种工作，而不会将整个社会组织作为事业共同体对待。总之，社会组织的工作氛围不好，士气不高。社会组织管理者应如何应对此种情况呢？哪种管理方法有助于社会组织改变此种困境呢？

（二）有好的目标但无法实现

组织是有目标的社会行动系统。组织目标是组织的灵魂，是维持组织存续和发展的动力依据[①]。然而，社会组织管理者却常常面临如下困境：组织制定了明确合理的目标，但在整个组织中无法形成齐心协力实现目标

① 于显洋：《组织社会学》（第三版），中国人民大学出版社2016年版，第103—104页。

的整体性氛围；在实现组织目标的过程中，部门之间各自为政，不能很好地配合，无法形成合力；某些部门因在实现组织目标中处于相对边缘的地位，为了彰显自己的“存在感”，这些部门往往将精力倾注在其他目标上，而对于组织目标的支持力度较小或者压根就不予支持，阻碍了组织既定目标的实现；在具体的工作过程中，各部门以自己的目标为中心，反而将组织的整体目标置于边缘地位；等等。哪种方法可以帮助社会组织管理者走出这一困境呢?

另外，组织成员将社会组织的工作视为自己的工作，对社会组织也存有依赖，将自己的生计来源、身份认同、社会交往等寄托在社会组织之上[①]。但是，如何将这种依赖和寄托变成完成工作任务的动力呢?

目标管理法能够帮助社会组织解决上述困境。

目标管理法由管理学大师彼得·F.德鲁克于1954年提出。在短短的几十年中，目标管理法成为应用最为广泛的管理方法之一，被政府部门、企业、社会组织等许多组织形态所采用。在某种意义上可以说，目标管理法的应用是20世纪后半叶发生在管理学界的最引人注目的事件[②]。

二、应用

（一）目标管理法的作用机理

第一，目标分解。目标管理法最鲜明的特征是“目标分解”——在全员参与、自上而下与自下而上多轮交互的基础上，形成组织整体目标；各部门、各层级依据自身权责和资源，承担属于自己的分目标，并主动行动促进目标的实现；在各分目标实现的基础上，组织的整体目标也得以实现。概言之，在目标管理法看来，每一个组织成员都是目标的承载者（如

① [美]埃德加·沙因:《沙因组织心理学》,马红宇、王斌译,中国人民大学出版社2009年版,第3页。

② 魏娜:《公共管理的方法与技术》(第二版),中国人民大学出版社2011年版,第81页。

图9-1所示）[①]。

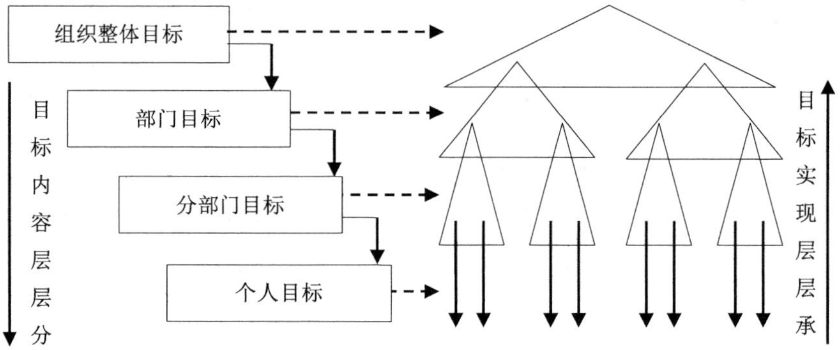

图9-1　目标管理法示意图

这里举个简单的例子，某社会组织的年度目标是承接并实施5个政府购买项目。为实现这一目标，各部门承担的分目标是：其所属综合部门（即办公室）的任务是完成5个项目的申报并获批；所属A、B和C三个项目小组分别实施2个、1个和2个项目；所属人力资源管理部门需要为三个项目小组分别招聘3个、2个和3个专职社工，要为办公室招聘1名文秘人员，并完成新增人员的培训工作；所属财务部门需要合理配置5个项目所得资金，并实施成本控制和项目评估。显然，如果这些部门都能够完成各自的分目标，该社会组织的年度总目标也就能够实现。

第二，结果导向。在目标管理法看来，组织活动就是组织内部各个构成部分活动的有机叠加，组织目标也因各个分目标的实现及其有机叠加而实现[②]。在这里，结果是社会组织管理者所关注的关键要素，结果导向是社会组织管理者所遵循的基本原则，对于过程的管理和控制则处于边缘地位。因此可以说，目标管理就是面向结果的管理。

第三，参与式管理。在目标管理法实施过程中，社会组织整体目标的确定、各部门和各层级所承担分目标的确定、目标达成程度的评估、经验

① 魏娜：《公共管理的方法与技术》（第二版），中国人民大学出版社2011年版，第82页。示意图有改动。

② 西武：《管理方法：100年来最具影响力的28个经典法则》，电子工业出版社2013年版，第199页。

教训的总结等，都是在各部门、各层级积极参与的基础上完成的。这样做，一方面，可以吸纳各个方面的意见和建议，使目标的确定更加科学；另一方面，参与可以让各部门、各层级感觉到目标是自己制定的，自己被给予了充分的尊重，因此对组织目标的认同度较高，也愿意为组织目标的实现而主动行动、奉献自我。

第四，自我管理。目标管理不仅给予各部门、各层级充分的参与权，而且强调组织分权和授权，让每个部门、每个层级在自己的目标范围内自我控制、自我管理。上级部门对下属各个部门目标达成的过程较少干预，完全由各个部门、各个层级自己作出决策、自己实施方案、自己纠正执行偏差。这种自我管理的模式具有如下积极价值：一是可以充分调动各部门、各层级的积极性和主动性，每一个任务单元都不再等待任务分配和工作指令，而是在任务目标的压力下主动行动。二是组织高层管理者可以脱身于烦琐事务的管理，而专注于组织战略的制定和实施①。

第五，相互信任。合作精神和团队合作对于组织而言非常重要，组织的本质即体现在充分沟通、有机合作上②。信任是交流互动、分权放权、相互配合和合作的基础。目标管理法通过打造相互信任、携手进步的事业共同体，为目标制定和分解过程的参与式管理、任务执行过程的自我管理和协同联动提供了保证。营造相互信任的氛围，才能更好地提振社会组织的士气。

（二）目标管理法的应用程序

一般而言，目标管理法的应用程序主要有三个（如图9-2所示）。

① 安建增:《政治哲学视野中的自治理论研究》,安徽师范大学出版社2015年版,第7—10页。

② [美]切斯特·巴纳德:《组织与管理》,曾琳、赵菁译,中国人民大学出版社2009年版,第28—29页。

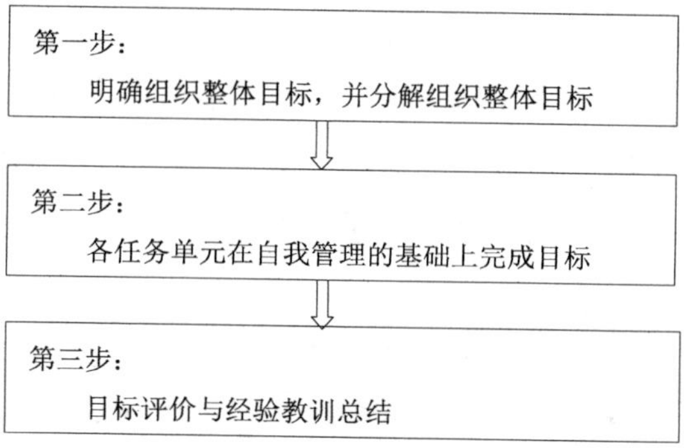

图9-2　目标管理法的应用程序

第一步，明确并分解目标。这一步可谓目标管理法的前期准备阶段，包括如下几个任务：一是确定要实施目标管理，且在组织内部形成共识，这是保证目标管理法顺利实施的组织条件。二是形成组织整体目标，这一过程要做到自上而下和自下而上多轮次沟通交流，通过参与式管理既保证组织整体目标的先进性和发展性，又保证组织各个层级对组织整体目标的认可。三是分解组织整体目标。这一过程的主要内容就是将组织整体目标进行分解，然后由组织各层级、各部门“认领”。在这期间，也要注意上下级之间的沟通交流，既要保证分解后的所有任务都有主体承担，又要保证各层级、各部门认同任务分配结果，还要保证各层级、各部门愿意相互配合、相互支持，甚至甘当“绿叶”。

第二步，根据目标展开行动。在分解目标和认领任务的基础上，各层级、各部门依据职责和所领任务，主动行动、积极作为，完成各个分目标。在这里需要强调的是，在实现分目标的过程中，各层级、各部门之间需要自我管理和自我控制，但绝不是各自为政、封闭执行，而是需要良性互动、密切配合。比如，以服务递送为职责的A部门需要完成2个政府购买的社会工作服务项目，服务不少于100人次；承担人力资源管理职责的B部门需要为A部门招募足量的专业社工，且要对新老员工进行培训（这是B部门所需实现的分目标）；承担后勤保障职责的C部门需要为A部门提供相应的财物支持（这是C部门所需实现的分目标）。显然，如果B部门和

C部门不能针对A部门的任务（这也是组织的核心目标）来积极履责，将会影响组织整体目标的实现。在这期间，B部门和C部门虽然是在实现自己所认领的分目标，但更多的是配合A部门。如果B部门和C部门因为自己是“配角”而惰怠的话，目标管理将会失效。因此，在目标分解时要注意预测实现整体目标而需各层级、各部门担负的任务，在执行过程中要督促各层级、各部门相互配合、相互支持。

第三步，目标评价与经验教训总结。这一阶段的主要内容有：一是综合评价各层级、各部门的目标达成情况。二是总结经验和教训，尤其在目标未达成的情况下要查找问题根源，是主观原因还是客观原因，是组织内部原因还是外部原因，是目标分解不当还是各任务单元执行不力，等等。三是在评价和总结的基础上形成明确的结论，作为新一轮目标管理的依据。四是按照组织规定，依据目标评价结果，对相关人员进行奖惩。

（三）应用目标管理法的注意要点

第一，工作重心要明确。目标管理法的重心在“管理”而不是“目标”。很多社会组织管理者将目标管理的重心放在了“目标”上，眼睛盯着目标本身，这是对目标管理法的误解。在目标管理法中，“目标”仅仅是导向和手段，“管理”才是重心。比如通过参与式管理的方式在组织内部达成目标共识；通过分权和授权，提升各层级、各部门的自我管理能力和自我控制能力，充分调动各层级、各部门的积极性和主动性，激发社会组织的内在活力；打造事业共同体氛围，促使各层级、各部门良性互动、有机配合，共同作用于社会组织整体目标体系；通过目标评估和履责考核，形成执行动力；等等。“从过程的角度看，目标管理由制定目标、实施目标、评价成果和支付报酬等步骤组成，中间穿插着各种计划、组织、指挥、协调、激励、监督、控制等活动。”①

第二，目标制定要交互。参与式管理是目标管理法的核心特征，其主

① 魏娜：《公共管理的方法与技术》（第二版），中国人民大学出版社2011年版，第82页。

要体现在目标制定过程中的多轮次交互。一方面，组织整体目标是在充分吸纳各层级、各部门意见的基础上形成的，是组织所有成员共同行动的“作品”，体现了组织成员的共同认知和共享观念。另一方面，在确定各层级、各部门的分目标（即目标分解）时，要逐级展开，上下协商，结合各层级、各部门的职责和权限，确定上级和下级皆认可的目标分解方案。这种参与式管理有助于提高各层级、各部门对目标的认同度和任务的接受度，既便于用组织整体目标指导和约束分目标，又便于用分目标保证和“拱卫”整体目标，在整个组织中形成连续统一的“目标—手段”链条[①]。

第三，目标本身要适当。目标是目标管理法的重要依循，因此要保证目标本身的适当与合理，这是目标管理法高质量实施的前提条件。一般而言，适当的社会组织目标应具备如下六个特点：一是具有合法性。社会组织目标要符合法律和国家政策的基本规定，应体现公共性，符合社会主义核心价值观，不能违背起码的社会伦理，要与国家主流政治文化、社会文化等相契合[②]。二是具有可达性。如果目标不具备挑战性，随随便便即可实现，目标的激励作用也就不存在了。相反，如果目标高不可攀，怎么努力都无法实现，同样无法发挥有效激励的作用。因此，从实现难度和推动组织发展进步的角度看，社会组织目标要有促进和发展意义，但要具备可达性，与组织的资源条件、技术条件、政策环境条件等相契合。三是具有针对性。目标的制定要与社会组织的发展战略和宗旨使命一致，要切实针对组织发展所面临的困境和瓶颈——实现问题的解决，使组织成员有获得感。否则，组织目标将无法“震动”组织成员的内心，无法形成有效激励。四是具有未来性。社会组织目标要符合未来发展趋势，要具有一定的前瞻性。未来性能够让组织成员体验到组织目标的先进性，有助于激发组织成员的动力。五是具有协调性。目标具有多个层次，可分为短期目标、中期目标和长期目标，亦可分为组织整体目标、部门目标和个体目标，还

① 西武：《管理方法：100年来最具影响力的28个经典法则》，电子工业出版社2013年版，第200页。

② 高力：《公共伦理学》（第四版），高等教育出版社2018年版，第66页。

可以分为经济目标、社会目标、政治目标等。在制定组织目标时，需要有效协调这些不同层次的目标，调和不同目标之间的分歧和冲突。这是达成共识、整合资源的基础。六是具有明确性。目标是需要通过执行行动实现的，因此目标要明确、具体，这样才能便于执行者理解、把握和实施，便于考核与评价。

第四，执行过程要配合。在目标管理过程中，每个层级、每个部门都承担着自己的分目标，同时强调通过自我管理和自我控制的方式实现目标。但是，各个分目标不是相互独立、互不相干的，而是彼此相融、互构互嵌的。就像前文的示例，承担社会工作服务项目需要项目团队、人力资源管理部门、后勤保障部门等相互配合，三个部门的分目标看似各不相同，但它们之间是相融相通的，任何一个部门的分目标没有完成，都会对其他分目标和组织整体目标造成负面影响。荀子曾经说过：“人，力不若牛，走不若马，而牛马为用，何也？曰：人能群，彼不能群也。”“群”在本质上就是不同个体、不同群体和不同部门之间的良性互动、有机配合。目标管理法为了明确责任、分权授权而对组织整体目标进行了分解，但同时为了整体目标而要求各层级、各部门齐心协力、协同联动。

第五，结果评价要科学。为了达到激励、控制等管理效果，目标管理法要求对目标达成结果进行科学的评价。一方面，在评价时要注意吸纳不同的主体参与，听取不同的意见和声音，这有助于提高目标评价的全面性、客观性。另一方面，在评价目标时要注意研制完整系统的指标体系、采用科学的评价方法（如本书第十六章介绍的“多指标综合评价法”），以提高结果评价的科学性。

第六，结果运用要及时。应依据评价结果，及时对相关人员进行奖惩，这是激发社会组织各层级、各部门活力的需要。如果目标任务完成的效果不一样，但面临的奖惩结果一样，或者没有任何奖惩，那么目标管理法的激励作用将不复存在，也背离了采用目标管理法的初衷。

第七，权利责任要统一[①]。为调动各层级、各部门的积极性，也为了便于各层级、各部门的自我管理和自我控制，在进行目标管理时要做到权利和责任相统一。否则，目标管理法的实施效果会打折扣，且不具有可持续性。

（四）目标管理法的适用范围

一般而言，在组织内部活力激发、组织共同体塑造、特定目标（工作任务）的实现、结果导向型的激励与促进等领域，社会组织管理者皆可以采用目标管理法。但就具体实践而言，目标管理法适用于以下几种情形。

第一，适用于组织内部分歧和矛盾较小的情形。如上所述，目标管理法需要以相互信任的事业共同体为条件，因此其适用于组织内部分歧和矛盾较小的情形。如果分歧和矛盾较大，参与式管理、协同式执行都将无法实现，此时社会组织更应该考虑的是如何解决这些分歧和矛盾，而不是实施目标管理。

第二，适用于有具体任务的情形。如果组织整体目标不易清晰表述、无法量化分解、难以评估考核，将无法实施目标管理法。比如，提升社会组织的社会公信力就是一个不是十分清晰明确的目标，任务和结果都不具体。相反，如果将目标改为“建立社会组织公众号，平均每周推送不少于2篇新消息，实现关注量不低于10万人”，就相对较为清晰具体，任务比较明确，也便于考核评价。

第三，适用于相对稳定的情形。目标管理法要求组织整体目标清晰明确且具有相对稳定性，组织成员可以在一定期限内完成。如果社会组织状态不稳定、目标任务等变化较快，就意味着各层级、各部门无法坚持执行某一特定任务、追逐特定目标，自然也就不能顺利地开展目标管理。

第四，适用于组织内部各层级、各部门支持的情形。目标管理需要社会组织内部各层级、各部门认可组织整体目标和自己承担的分目标，这就

① 民政部社会组织服务中心:《社会组织治理实务操作手册》,中国社会出版社2019年版,第99页。

要求组织内部高度认可目标管理，支持在组织内部推行目标管理。

第五，社会组织在应用目标管理法之前，可以依次思考并回答表9–1中所列的问题，如果答案以“是”居多，则该社会组织是适用目标管理法的。反之亦反。

表9–1　目标管理法适用性评估

序号	应当考虑的问题
1	该社会组织（或社会组织所属部门）有没有明确的任务？是否有充分的理由支持该任务的实现？
2	是否有外部力量将资源（资金、人员、设备等）委托给该社会组织？ 或者，对于社会组织内部某部门而言，上级是否将资源（资金、人员、设备等）委托给该部门？
3	社会组织是否对外部力量负有使这些资源保值或增值的责任？外部力量是否赋予该社会组织一定的利润任务？ 或者，对于社会组织内部某部门而言，是否对上级负有使这些资源保值或增值的责任？上级是否赋予该部门一定的利润任务？
4	是否具备履行和完成上述责任、任务的工作条件？
5	能否实行计划管理？
6	大家是否意识到必须对该社会组织（或该部门）实行更加有效的管理？
7	能否确定关键人员的职责？
8	能否将关键人员的努力协调成一个整体？
9	能否建立必要的控制和反馈系统？
10	关键人员的工作绩效能否测量？
11	该社会组织（或该部门）有无制定、实施奖惩制度的权力？
12	该社会组织（或该部门）的管理人员之间的职责（计划、组织、指导等）是否相同或相似？
13	工作人员能否立刻接受经过提高的管理方法？

资料来源：魏娜：《公共管理的方法与技术》（第二版），中国人民大学出版社2011年版，第85页。有改动。

三、评价

（一）目标管理法的优点

第一，导向明确，任务具体。目标管理法以目标形成和分解为前提条件，能够使社会组织内的各层级、各部门都非常清楚地知道自己有什么任务，需要做哪些工作，实现什么目标。目标明确了，责任也就明确了；责任明确了，行动方向、具体的工作任务也就明确了。

第二，凝聚团队，集中资源。在目标明确和任务清晰的基础上，组织的各层级、各部门便可围绕目标及任务募集人财物等各种资源，并排除一切“干扰”，集中资源和精力实现目标。从另一个角度讲，目标管理法具有中心明确的优点，可为组织的管理行动提供依据和导向，提升管理绩效。

第三，激发活力，增添动力。目标管理法以道格拉斯·麦格雷戈的Y理论为指导，提倡参与式管理、分权授权式管理、自我管理等，这种充分信任的组织管理氛围能够激发各层级、各部门的积极性。同时，在目标分解的基础上为每一个层级、部门乃至个体赋予了明确的责任，这种责任会变成每一主体的履职动力。当然，伴随目标分解的是结果评估和奖惩，这既是一种监督和控制，也是一种督促和激励。

（二）目标管理法的缺点

第一，社会组织的很多目标较为模糊，目标管理法并不适用。这限制了目标管理法的推广和应用。

第二，目标管理法缺乏弹性，在处理短期任务方面较为有效，而对于长期目标却显得僵化。

第三，目标管理法秉持结果导向，然而社会组织在管理和服务过程中，要严格遵循一些程序性原则，这限制了目标管理法的应用。比如社会工作服务，不单单涉及服务多少人次的问题，还包括服务过程中对案主的尊重等。目标管理法缺少这一方面的关切，容易导致服务质量的下降。另外，目标管理法对于经济利润、运行效率的关注较多，而对于伦理、价值的关切较少。因此，目标管理法可能会降低社会组织的公共性和合法性。

第四，目标制定存在困难和制约因素。一是组织内部因各种分歧而无法达成目标共识；二是目标是为未来而制定的，未来有许多不确定性，可能导致目标在未来缺乏适应性；三是受各种主观和客观因素的限制，制定出来的组织整体目标及分解目标是不科学不合理的。这三个方面都会导致目标管理法的失效。

第十章　标杆管理法

一、缘起

（一）如何学习先进经验和典型

“学习如逆水行舟，不进则退。”社会组织也需要像个体一样，不断地学习、持续地改进，这样才能可持续发展并在竞争中获得优势。“富有学习性”是社会组织应对复杂环境和激烈竞争所必需的，是学习型组织的基本特征①。但是很多社会组织管理者反映：他们非常注重组织的学习，也经常参加一些培训班、前往一些优秀组织参观交流，还经常邀请专家来本组织开展讲座，但是，学习是学习，问题是问题，组织学习与问题解决是“两层皮”。这些学习并没有达到预想的积极效果，所学知识和经验不能很好地用于解决本组织的问题，组织仍然面临发展瓶颈。那么，如何才能真正学到先进经验，进而促进本社会组织的整体性进步？有没有一套专供学习先进经验并解决组织内部问题的管理方法？

① ［美］彼得·圣吉：《第五项修炼：学习型组织的艺术与实践》，张成林译，中信出版社2009年版，第4页。

（二）如何实现组织发展与创新

创新是长远发展的基本动力，社会组织需要将创新置于管理的核心位置，不断推进组织文化创新、运营理念创新、管理措施创新、服务产品创新等。然而，社会组织管理者经常面临的不是“想不想”创新和“要不要”创新的问题，而是“会不会”创新和“能不能”创新的问题。比如，不知业界最新的经营理念是什么，未来的发展趋势是什么；不知从何种视角推动创新；不知如何从整体上实现组织的创新；不知怎样才能实现组织的持续性发展。那么，如何解决社会组织管理者“会不会”创新和“能不能”创新的问题？有没有专门的以组织整体性、结构性发展创新为目的的管理方法？

（三）如何保证创新面临较低风险

受外部环境的不确定性、创新本身的复杂性、创新主体的能力有限性等因素的影响，创新不一定能取得预期效果，反而会面临诸多风险，如组织成员不认可、服务对象和利益相关者不接受、实质性改进不明显等。组织的变革既是富有创造力又是充满理性的过程，理性水平的提升有助于降低组织变革的风险、提升组织变革的整体效果[①]。因此，提高创新举措的稳健性、降低变革带来的风险程度等就摆在了社会组织管理者的面前。那么，基于何种方法的创新发展和组织变革不仅有效而且稳健呢？

（四）如何持续创新推动组织发展

任何一个有理想的管理者都想将自己所在的社会组织打造成“业界标杆”和“百年老店”，这需要社会组织不断创新以适应发展大势、获得竞争优势。一次改进与创新的决策，不可能一劳永逸。因为外部环境和利益相关者的需求在持续改变，所以，社会组织管理势必应该呈现出连续决

① [澳]伊恩·帕尔默、[澳]理查德·邓福德、[美]吉布·埃金：《组织变革管理》（第2版），金永红、奚玉芹译，中国人民大学出版社2009年版，第2页。

策、持续创新的特性[①]。哪种管理方法持有这样的思维且能够有力地促进社会组织实现这一目标呢？

标杆管理法能够帮助社会组织管理者有效应对上述问题。

标杆管理法又被称为标杆法、标杆分析法、基准分析法、水平对比法等[②]。标杆管理法的本质是通过评估和比较，确定标杆、学习标杆、持续改进，不断推动组织实现适应性发展、创新性再造的目标。

二、应用

（一）标杆管理法的作用机理

第一，标杆管理法是由“三要素”构成的系统。如表10-1所示，标杆管理法涉及标杆管理实施者、标杆对象和标杆管理项目三个构成要素，整个标杆管理过程可以被描述为：标杆管理实施者选择确定标杆对象，将标杆对象的优长之处（即标杆管理项目）引入自己所在的组织。

表10-1　标杆管理法“三要素”

要素名称	基本解释
标杆管理实施者	发起和实施标杆管理的组织者，一般是社会组织的高层领导或负责人
标杆对象（或伙伴）	标杆管理实施者确定的学习借鉴的对象被称为“标杆”或“学习标杆”，是任何乐于通过与标杆管理实施者进行信息和资料交换而开展合作的内外部组织或单位
标杆管理项目（或标杆管理内容）	是标杆学习者存在不足的领域，通过标杆管理法向标杆学习借鉴以谋求提高的项目或领域

资料来源：么秀杰：《最有效的100个常用管理方法》，人民邮电出版社2013年版，第37页。作者据其内容予以整理制作表格。

① 胡象明:《公共部门决策的理论与方法》(第三版),高等教育出版社2016年版,第310页。

② 么秀杰:《最有效的100个常用管理方法》,人民邮电出版社2013年版,第36页。

第二，标杆管理法的学习过程。一是对比。通过对比和评估，找到社会组织自身存在的问题和困境，寻找标杆以及标杆的优长之处。当然，在对比的过程中需要确认标杆以及标杆的优长之处是否适合本社会组织，社会组织自身是否具备学习标杆的基础条件。二是移植。借鉴标杆及其优长之处，设计符合社会组织自身特征的发展和创新方案，将标杆的优长之处和经验移植进本组织。三是内化。将标杆的优长之处创造性地应用于本社会组织，并将之内化为社会组织自身的行动属性。换言之，移植和借鉴不是照搬照抄，而是依据社会组织自身特征和条件进行的学习和内化过程。

第三，标杆是社会组织的学习对象。一是从范围上看，标杆包括组织内标杆和组织外标杆。组织内标杆指的是组织内部某个部门、某个项目组或某个个体的绩效较高，成为其他部门、其他项目组和工作人员学习的标杆。组织外标杆指的是组织外部值得学习的对象。二是从领域上看，标杆包括行业性标杆和功能性标杆。行业性标杆指的是社会组织这一行业或某一类服务行业（如社会工作服务、教育服务、救助服务）的标杆。尽管学习者和标杆之间存在竞争关系，但由于标杆具有某些优长之处而值得学习。功能性标杆指的是在某些功能领域具有优长之处的标杆，而不论标杆是否与学习者处于同一个行业。换言之，功能性标杆可能是社会组织，也可能是企业、政府部门等。因此，功能性标杆也常被称为通用性标杆。三是从属性上看，标杆就是在管理和服务上具有优长之处、值得学习者学习效仿的对象。因此，只要具备优长之处、值得学习都可以被确定为标杆。

（二）标杆管理法的应用程序

使用标杆管理法，需要遵循七个程序（如图10-1所示）。

确定标杆管理目标	社会组织管理人员应确认标杆信息的使用者及其需求，从而明确界定实施标杆管理的主题，确定标杆管理的目标。这是标杆管理法的灵魂和导向
组建标杆学习团队	组建、挑选和培训标杆学习团队，确保所有成员都清楚自己的职责，在态度上认可标杆学习并乐于学习，具有学习和发展的潜能；确定标杆学习团队工作方案
选定标杆对象及项目	依据标杆管理目标，选定标杆对象及其类型，尤其要注意确保标杆的确在拟学领域具有优长之处，且该优长之处的确是标杆对象取得成功的基本原因
搜集并分析信息	确定信息搜集方法和方案，并对搜集信息的成员进行培训；联络标杆对象，依据既定的信息搜集方法和方案，搜集、整理和分析信息
比较并找出差距	依据信息分析结果，将本社会组织与标杆的管理、经营和服务过程进行全面比较，找出自身与标杆的差距，并分析差距产生的原因
采取改善措施	标杆学习团队依据学习结果，确定多套改进方案及详细的实施计划，交由标杆管理实施者决策、执行，并适时评估改进方案的实际绩效
持续改进	通过本次标杆学习活动将社会组织的管理和服务水平提升到一定程度后，重新确定标杆学习目标，制订持续改进的计划，使社会组织保持持续创新发展的动力

图 10-1　标杆管理法的应用程序

资料来源：么秀杰：《最有效的100个常用管理方法》，人民邮电出版社2013年版，第37页。有改动。

（三）应用标杆管理法的注意要点

第一，遵循目标的导引。标杆管理法必须遵循既定目标的导引，要有目标地、有针对性地学习，在实施标杆管理法之初就要明确学习目标——通过标杆管理解决社会组织面临的哪个问题，学习之后要达到什么预期等。学习目标是标杆管理过程的基本依据和约束。因此，在搜集标杆的信息时，不能“走马观花”、敷衍了事，也不能学到什么算什么，而要有明确的依循和约束。

第二，强调适用性学习。金子是好东西，但如果把金子放到碗里，绝没有米饭美味。也就是说，不是所有的好东西都要拿来为社会组织所用，而是需要什么学习什么。一方面，标杆和学习者之间要有相似性和相通性，这是保证学习效果的基础条件。在选择标杆、进行比较时，要密切注意和审慎研判这一问题。另一方面，学习内容和项目要有可行性和可达性。学习者应具备效仿标杆的基本条件，否则标杆学习就无异于“东施效颦”。

第三，进行全面准备。实施标杆管理法，要以全面准备为基础。准备工作包括如下内容：一是明确社会组织所需解决的问题，且该问题及其危害已被组织成员所感知，形成了解决该问题的共识。二是在明确问题的基础上确定标杆学习的目标和范围。三是组建标杆学习团队，并对团队进行培训，使团队在学习态度和学习能力上都符合标杆管理的要求。四是组织文化方面的准备，即社会组织的上下都拥有学习、发展和创新的意愿，并在学习目标上达成了基本共识。五是明确信息搜集技术、制定标杆管理方案，使学习过程可以顺利展开。

第四，学习而不是复制。标杆管理法要求学习、模仿标杆对象，但学习绝不是机械模仿和直接复制。一是要学习促使标杆绩效卓越的真正因素，把握标杆运营管理的实质，而不是学习标杆运行过程中的某些现象。比如，直接拿来标杆的某项规定，而不注意促使本社会组织成员的行为发生根本改变。这种表象学习的速度很快，但效果令人怀疑。二是要依据标杆进行整体性、系统性和结构性改进，绝不能仅仅学习标杆的某一个特性。三是不能简单拿来，而应依据标杆的内在属性和运行本质，将其精髓创造性地内化于本社会组织的运行、管理和服务过程中，真正促进本组织的发展与创新。

第五，注意标杆的多样性。一方面，标杆有很多种，包括组织内的和组织外的、行业性的和功能性的等。在实际的标杆管理过程中，应全方位考察这些标杆，既要找到最卓越的标杆，又要找到最适合自己的标杆。另一方面，可以同时学习多个标杆，实现学习方案的优化组合。

第六，社会组织高层的支持和承诺。选择和学习标杆需要较高的成本，需要社会组织管理者强力推进。所以，社会组织高层对于标杆学习的认可、支持和承诺至关重要。

（四）标杆管理法的适用范围

概括而言，只要是寻求进步改善和创新发展的社会组织管理决策，均可使用标杆管理法。

第一，当社会组织的发展战略需要调整时，可通过标杆管理法，学习符合发展趋势的标杆。

第二，当社会组织的服务产品和运营领域需要调整时，可利用标杆管理法学习先进、掌握大势，使调整方向能够回应当前需求、适应环境变化、符合未来趋势。

第三，当社会组织的运行、管理和服务出现问题，需要进行改革和调整时，标杆管理法有助于社会组织管理者学习并掌握有效的管理措施。

第四，运用标杆管理法还需要满足一些基本条件。如学习者内部达成标杆学习的共识，具备良好的学习态度和支持性的组织文化；学习方法正确，能够把握并习得标杆的本质而不是停留在学习标杆的表象之上；能够将标杆的卓越属性和举措创造性地应用于本社会组织的运行、管理和服务当中，而不是简单地复制和模仿；充分比较和研判标杆与本社会组织的相似性和相通性，使所学项目和内容适合本社会组织的运行、管理和服务情境。

三、评价

（一）标杆管理法的优点

第一，观人正己。“以铜为鉴，可以正衣冠；以史为鉴，可以知兴替；以人为鉴，可以明得失”，标杆管理法秉持的就是这种观人正己的思维方式。社会组织管理者通过发现、研判标杆的优长之处，与本组织进行对比，明确认识到自己的不足，在组织内部形成学习和创新的紧迫感。通过标杆管理法，社会组织能够移植标杆的有益经验，解决自身现存的问题，实现组织的创新和发展。标杆管理法拥有正确的组织学习态度，也提供了观人正己的学习技术。

第二，相对稳健。标杆管理法以标杆为榜样，注重学习和移植标杆的优长之处，这种“站在巨人肩上”的组织学习不仅速度较快，而且较为稳健——毕竟学习和移植的东西已经经过标杆的系统总结和实践验证。通过标杆管理法而取得的发展创新因此具有相对较低的风险。

第三，持续改进。标杆管理法有一个非常明显的优点，其秉持组织循环再造、持续创新发展的管理逻辑，特别强调持续改进的观念。具体而言，标杆管理法所针对的不仅是单次的问题解决和改革创新，而是循环、持续的学习—改进—再学习—再改进过程。这有助于社会组织环境适应能力和可持续发展能力的提高。

第四，开放包容。《论语·述而》讲：“三人行，必有我师焉；择其善者而从之，其不善者而改之。”出现“三人行，必有我师焉”的主要原因就在于拥有虚心、开放的学习态度。社会组织的学习在本质上就是面向同行、面向环境、面向未来以实现组织内部的改变，需以开放包容的组织文化和管理理念为基础，这也是现代组织管理所应具有的基本品质。标杆管理法遵循的就是开放包容的逻辑，能够帮助社会组织持续学习、持续发展。

（二）标杆管理法的缺点

第一，简单复制。在运用标杆管理法时，容易犯“拿来主义”的错误，即复制照搬，未能结合社会组织自身特点设计改进举措，致使新举措“水土不服”、效果不佳。因此，在应用标杆管理法时要注意：任何一项举措的有效性都是建立在特定的组织条件基础之上的，要在对比之下审视自身是否具备相应的条件。出现简单复制这一问题，主要是两方面的原因：一是好高骛远，在选择标杆时不顾实际，片面追求“高大上”；二是选择偏差，忽略了标杆赖以成功的本质原因，而将标杆的“表象”作为学习的内容。

第二，成本较高。在应用标杆管理法时，需要组建并培训学习团队、选择并研究标杆、对比标杆和自身、设计改进方案、推动方案实施等，因此时间成本和物资成本都比较高。

第三，忽视创新。标杆管理法的出发点是持续地推动组织创新，但在实际应用过程中，社会组织管理者和学习团队往往都聚焦于标杆，囿于标杆的实践经验，相对忽视学习内化和自主创新。另外，标杆管理法本身也具有“追”标杆、“仿”标杆、“学”标杆的特性，是发生在标杆“身后”的活动，而不是积极首创。

第十一章　项目管理法

一、缘起

（一）如何应对组织任务的激增

有社会组织管理者抱怨，组织处于快速发展期，承担的任务越来越多，专职人员的数量虽然也在增加，但组织的整体效率却大不如以往。同时，面对激增的工作任务，各个部门也都感觉“手忙脚乱”，压力很大。那么，在社会组织快速成长期，需要通过哪种管理方法来推动组织有条不紊地应对日益增加的工作任务和服务业务？

（二）如何分配组织工作任务

社会组织管理者常常面临工作任务的分配问题。那么，哪种管理方法有助于社会组织管理者分配工作任务？哪种管理方法可以合理梳理社会组织承担的具体业务，并将之分配到所属团队当中？哪种管理方法在分配组织工作任务时可以实现责权利相统一？

（三）如何应对项目制的普遍化

随着全面深化改革的持续推进，党和政府越来越倾向于通过项目制的方式提供社会服务[①]。项目制是与科层制相对应的，在科层制的社会服务供给过程中，上级政府或者通过命令下派的方式安排服务任务（伴随着的是财政资金的逐级拨付），或者命令所属事业单位执行服务决策；而在项目制中，作出服务决策的政府部门不再通过命令的方式提供服务，而是以项目的方式直接委托给社会力量提供服务[②]。通过项目制，可以将市场竞争机制纳入服务供给和递送过程中，有助于提升服务资源的配置效率，进而提高服务质量，增加服务数量。显然，在项目制日趋普遍的过程中，社会组织也拥有了越来越大的功能空间和越来越多的获取资源的机会。那么，社会组织应如何适应项目制的普遍化趋势呢？

另外，为了进一步转变政府职能、促进社会组织发展、激发社会组织内在活力，有关部门积极出台加强政府购买服务的政策文件，如《国务院办公厅关于政府向社会力量购买服务的指导意见》（国发［2013］96号）等。这也要求社会组织在内部管理方面适应项目制的需要。社会组织可以采取哪种管理方法予以应对呢？

项目管理法有助于社会组织有效应对上述问题。项目管理法指的是，在对有明确边界、时空上相对独立的可单列的工作任务进行项目化的基础上，确定一次性的、独立性的执行主体（项目组），并赋予执行主体相对独立的计划、组织、指挥（领导与激励）和控制职权，进而在执行主体自我管理和自我控制的基础上完成任务[③]。

---

① 陈为雷：《社会服务项目制的建构及其影响研究》，中国社会科学出版社2015年版，第3页。

② 安建增、孔卫拿：《安徽省社会救助发展报告（2014-2017）》，科学出版社2019年版，第189—191页。

③ 魏娜：《公共管理的方法与技术》（第二版），中国人民大学出版社2011年版，第199—200页。

二、应用

（一）项目管理法的作用机理

一方面，将边界清晰、时空相对独立的工作任务单列，有助于提高资源配置的效率。任何一个社会组织都面临着多重工作任务和具体的运营事务，如果将工作任务与组织一般性的职能交织在一起，将会导致职能机构同时承担非常多的工作，使得组织工作无效和无序。相反，如果能够将社会组织所要开展的工作任务予以适度分解，将边界清晰、时空相对独立的工作任务作为一个项目（即任务单元），然后将该任务单元交由特定执行单位来执行，赋予其较高的人财物协调权，则有助于效率的提升，也有助于工作任务安排的有序化。而这就是项目管理法的核心要义之所在。

另一方面，自我管理和自我控制是激发组织成员积极性的重要形式，项目管理法将这种形式变成了实践。随着组织规模的扩大、业务工作的增多，社会组织的决策层不可能事无巨细包揽全部工作，这就需要将组织内部"条块化"，以实现执行层的自我管理和自我控制，充分激活执行层的内驱力，使社会组织适应扩大化发展的需要[①]。同时，规模扩大和业务增多也需要实现社会组织内部体系的重构，既要考虑如何细化分工，又要考虑分工后如何分群，还要考虑分工和分群后决策权力如何分配等问题。在这一过程中，既可采用项目管理法的思维，又可采用科层制的思维。就自我管理和自我控制而言，采用项目管理法的思维是有益的；就集中统一和强制控制而言，采用科层制的思维是有益的。从这个角度看，项目管理法是与科层制相反又相互结合的组织管理方法。

① 安建增：《政治哲学视野中的自治理论研究》，安徽师范大学出版社2015年版，第7—10页。

（二）项目管理法的应用程序

如图11-1所示，项目管理法的应用主要包括四步：任务分析与梳理、工作任务项目化、项目组具体实施、项目完成与评估。

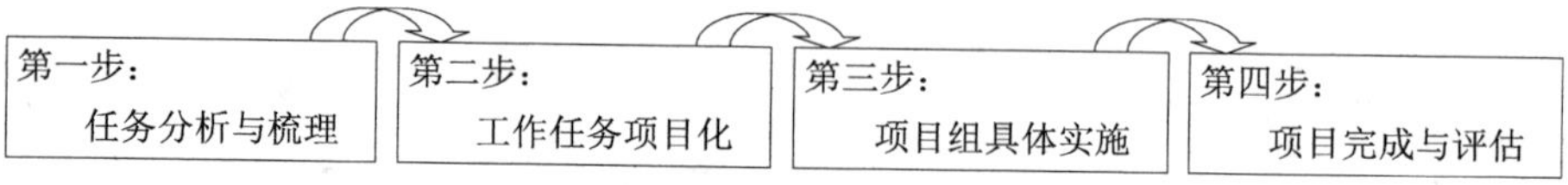

图11-1　项目管理法的应用程序

第一步，任务分析与梳理。这是项目管理法的起点，也是判断能否实施项目管理法的必需环节。其具体内容就是对社会组织承担的任务进行研判、梳理和归类，在“边界清晰”和“时空相对独立”两个条件下确定其是否具备项目化的可能。

第二步，工作任务项目化。在第一步的基础上，确定实施项目管理法，依据项目化了的工作任务，成立项目组、分配执行资源、明确执行权限、制定实施方案、确定项目起点和终点等。这一步可视为项目管理法的计划阶段。

第三步，项目组具体实施。项目组依据计划，具体实施项目，包括人财物资源的具体分配、工作节奏的具体把握、工作任务的具体执行等。

第四步，项目完成与评估。项目组对项目实施进行全面总结，形成项目报告；上级部门或者第三方评估机构对项目完成情况进行评估，评估内容包括：项目目标的达成程度、项目实施产生的客观影响、项目实施的效率水平、项目管理的整体效能、项目实施的可取经验和存在的问题及教训等。需要强调的是，项目评估不仅仅是在项目结束后进行，在项目执行过程中也需要适时进行监控和评判，并就所发现的问题及时予以纠偏。

（三）应用项目管理法的注意要点

第一，能否项目化，需要审慎决定。不是所有的工作任务均适用项目管理法，项目管理法并不能提高所有工作任务的执行效果。因此，所涉工作任务能否项目化，是否具备项目化的基本条件，都需要审慎决定。边界清晰和时空相对独立是适用项目管理法的两个必备条件，缺一不可。

第二，合理选择项目组。项目组是具体实施项目的主体，项目组与项目任务要求的契合程度决定了执行绩效的高低。因此，组建项目组时要充分考量、理性研判。包括如下几个方面：项目组负责人的管理协调能力、执行能力、专业能力要与项目任务相匹配；项目组成员的结构要合理，涉及年龄结构、能力结构、知识和技能结构等，要能够涵盖项目任务的各种工作内容；项目组成员之间的关系要和谐，要能够相互配合、协同联动，具有较强的凝聚力。

第三，在责权利统一的原则下，实施项目管理。这是激发项目组内在潜能、激活项目组内部动力的基本要求，也是提高项目组自我管理和自我控制内驱力的基本要求。

第四，及时撤销。项目任务有明确的起点和终点，项目组因项目的开始而成立，同时也应该随着项目任务的结束而解散，这既是节约项目组自身运行成本的需要，也是重新整合资源开展其他工作的需要。

第五，注重项目评估。项目评估是判断项目能否结项、任务是否完成的基本方式，因此项目管理法对项目评估有着很高的要求。不仅应将项目评估作为项目管理法的必备环节，而且要从多个方面提高项目评估的科学性。比如，在时间上兼顾事前、事中和事后；在主体上兼顾管理者、项目组内部成员、行业专家、服务对象等；在内容上兼顾直接效果和间接影响；在方法上兼顾定性评价和定量评价；等等。

第六，注重项目管理的系统性。项目管理不是单一内容的管理，而是由项目范围管理、项目时间管理、项目成本管理、项目人力资源管理、项目财物管理、项目风险管理、项目质量管理等组成的管理系统。在实施项目管理法时，要统筹兼顾这些内容。

（四）项目管理法的适用范围

在理论上，工作任务只要符合边界清晰和时空相对独立这两个条件，都可以采用项目管理法。

一方面，“边界清晰”指的是此类工作任务具有明显的独特性，与其他任务在对象、地点、起始时间、所依赖条件、实施过程等方面都有显著差异。同时，该工作任务的结果与执行行动之间的关系可以明确界定。比如，某社会组织在A社区承担的“关爱留守儿童服务”与其在B社区开展的“低保家庭社会融入服务”就存在着清晰的边界，两者差异明显。因此，可被设定为两个项目。

另一方面，“时空相对独立”指的是某一工作任务具有独立的起点和终点，与其他工作任务在不同的时间和地点发生，且与其他工作任务之间没有依存关系，更不存在紧前和紧后关联。“时空相对独立”也意味着该工作任务是一次性的，并不需要按照既定程序重复实施。还是以上述某社会组织在A社区承担的“关爱留守儿童服务”与其在B社区开展的“低保家庭社会融入服务”为例，这两种服务彼此无涉、相互独立。

三、评价

（一）项目管理法的优点

第一，激励性。项目管理法以明确的任务边界为前提，注重责权利统一、强调自我管理和自我控制等，有助于激发项目组的积极性，进而使社会组织保持强劲的活力和动力。

第二，条理性。在实施项目管理法时，社会组织的管理者首先需要梳理组织的全部工作，进而从中归纳并析出具有边界清晰和时空相对独立双重特性的任务并将之项目化。这在本质上是对组织工作的全面剖析和整体研判，能够将社会组织从杂乱、多样、散碎的服务工作中“解放”出来，使其有条不紊地运行。

第三，高效性。项目管理法具有目标管理的特点，能够使社会组织明确工作中心、把握工作重点，并据此分配人财物等各种资源，有助于其高效运行。

第四，易用性。一方面，在全面深化改革和政府职能转移的大背景下，越来越多的公共服务将以项目的方式转交给社会组织来提供，这大大拓展了项目管理法的“用武之地”。另一方面，项目管理法本身并不依赖专业技术，应用难度较小，便于推广。

（二）项目管理法的缺点

第一，项目管理具有单次性，项目组具有临时性，往往由各部门所抽调的人员和新增职员组成，这无疑会影响项目组内部的凝聚力。

第二，项目管理的起点和终点较为明确，待项目完结之后，项目组也会随之解散或重构，这不利于社会服务的可持续性、服务的后续衔接等。

第三，项目组“自成一统”，虽然有利于其自我管理和自我控制，但也容易助长“小群体”和“小山头”，严重者会损害社会组织的整体性，导致组织内部裂隙变大。

第三编

社会组织控制和评估常用方法

第十二章　全面质量管理法

一、缘起

（一）如何提高组织服务质量

承接政府购买服务项目是社会组织获得生存资源的基本途径。因此，服务质量就成为影响社会组织竞争力的基本因素。那么，哪种管理方法能够帮助社会组织系统性地提高服务质量呢?

（二）如何提升组织整体效能

现代社会组织需要内部治理体系和治理能力的现代化，然而很多社会组织管理者在提升组织整体效能、改进内部治理水平方面措施乏力、成效不佳。哪种管理方法有助于提升组织整体效能呢?

全面质量管理法在解决上述问题方面效果显著。全面质量管理法本质上以“顾客”为中心，通过全员参与、全过程管理、全方位改进来提升产品或服务的质量（如图12-1所示），进而满足“顾客”需要，获得“顾客”认可，扩大社会组织资源来源并提高收益，促进社会组织持续发展。

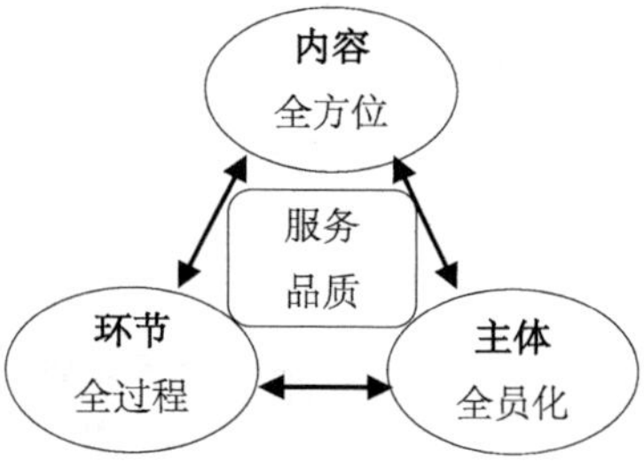

图 12-1　全面质量管理法的“三全”

二、应用

（一）全面质量管理法的作用机理

全面质量管理法秉持“质量第一”的理念，但此时的“质量”不是狭义上的产品和服务品质的优劣，而是广义上的全面管理，涉及全员参与、全过程管理和全方位改进。

第一，全员化质量管理。如果说目标管理法强调“每一个成员都是目标的承担者”的话，那么可以说，全面质量管理法则强调“每一个成员都是服务品质的提升者”。与目标管理法一样，全面质量管理法也强调参与式管理，主张全员参与、全员履责，每一个成员都是服务产品质量的管家[①]。一方面，在服务质量标准和提升目标的制定过程中，组织当中的每一层级、每一部门都是参与者，都从各自权限和工作实际的角度提出意见和建议。另一方面，在服务生产和递送过程中，每一层级、每一部门都直接或间接地对服务质量产生影响。换言之，组织当中的全部成员都是保证服务质量的责任主体，改进和提高质量水平需要全员配合。这是全面质量管理法的第一“全”，涉及主体管理。

第二，全过程质量管理。服务生产和递送的每一环节都会影响服务的

① 西武：《管理方法：100年来最具影响力的28个经典法则》，电子工业出版社2013年版，第190—195页。

质量，因此，全面质量管理法强调“全过程”管理，做细、做准服务的每一个节点。以就餐服务为例：一道菜，从食材的种植、收获、运输、清洗，到厨师的烹调，再到服务员的传菜、上菜都严把质量关、做到完美无缺，但由于餐具上沾有污渍，导致顾客不满意。在这里，就餐服务的管理者可能非常注重食材的质量、厨师的技艺和服务员的服务水准，但忽视了餐具处理环节，因此而影响了就餐服务质量。服务质量是一个“综合体”，与服务过程的每一环节密切相关。这是全面质量管理法的第二“全”，涉及过程管理。

第三，全方位质量管理。服务的最终评价者是“顾客”，全面质量管理法强调全方位地满足“顾客”需求、提升“顾客”的获得感。因此，在全面质量管理的视域中，服务的性能应“全方位”地提升，具备可靠性、安全性、适应性、经济性、时间性、可达性、智慧性、舒适性、文明性和发展性等特性（如表12-1所示）。这是全面质量管理法的第三“全”，涉及内容管理[①]。

表12-1　全方位服务质量评价指标

服务属性	具体表现
基本性能	包括两个方面：一是实用价值，即在用途上能够充分满足“顾客”的需求；二是审美和情感价值，即让服务及其附着物既有外在美（外观），又有内在美（符合基本的文化和伦理规范）
可靠性	在规定时限内和条件下服务性能的实现能力，服务的持续供给（跟踪服务）
安全性	服务及其过程给“顾客”、环境以及社会所带来的危害程度
适应性	也可称为服务的多样性、针对性、精准性，具体指服务能够针对不同人群、个体而发生变化，在规格、品种、样式、时间等方面能够满足差异化、多层次的需要
经济性	在满足质量要求的情况下服务成本最低，服务过程是高效率的；服务的价格因此而低廉，能够使“顾客”消费得起
时间性	在等待时间、准时服务、服务延续时间等方面使“顾客”感到满足和舒适
可达性	服务递送效果较好，“顾客”可以非常便捷地获得服务

① 民政部社会组织服务中心:《社会组织治理实务操作手册》,中国社会出版社2019年版,第100—101页。

续　表

服务属性	具体表现
智慧性	在服务过程中能够采用新科技、新方式，能通过现代技术使服务更为精准、高效、便捷
舒适性	服务过程热情诚恳、亲切友好，让“顾客”感到自由、尊重、友好、和谐的气氛和人际关系
文明性	服务是合法的、符合基本社会伦理的要求
发展性	服务不仅能够满足“顾客”的基本生存需要，而且能够积极促进“顾客”的技能、知识等的提升，为“顾客”的全面发展创造条件
其他	与具体服务有关的其他必要特性

资料来源：魏娜：《公共管理的方法与技术》（第二版），中国人民大学出版社2011年版，第110—111页。有改动。

（二）全面质量管理法的应用程序

全面质量管理法的应用一般包括四步：计划、实施、检查和处理[①]（如图12-2所示）。

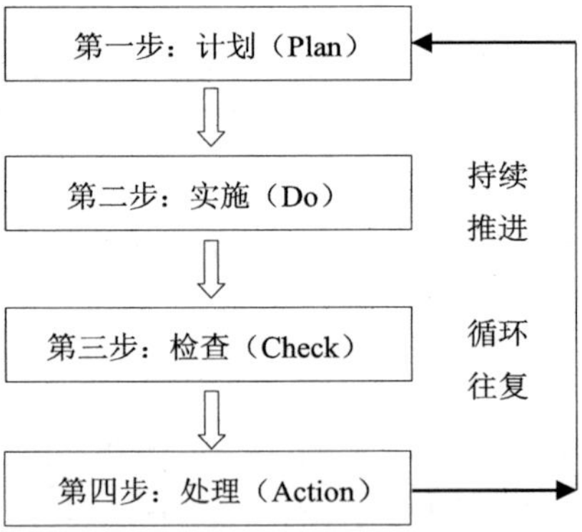

图12-2　全面质量管理法的应用程序

第一步，计划（Plan）。这是全面质量管理法的准备阶段，主要任务有四个：一是明确社会组织现存问题和质量缺憾，二是建立质量管理团队，三是制定质量管理目标，四是形成质量管理标准、制度、计划等。

① 魏娜:《公共管理的方法与技术》(第二版),中国人民大学出版社2011年版,第113页。

第二步，实施（Do）。这是全面质量管理法的直接实践阶段，主要任务是依据质量管理计划，采取具体行动，实施全员化、全过程、全方位的质量管理。

第三步，检查（Check）。这是全面质量管理法的反思阶段，主要任务有三个：一是检查质量管理实践是否与计划相符；二是衡量质量管理实践的绩效，是否达到了预期标准，实现了预期目标；三是分析质量管理过程存在的问题及其产生原因。

第四步，处理（Action）。这是全面质量管理法的巩固阶段，主要任务有两个：一是纠偏，解决质量管理问题，提升质量管理水平；二是对于有效的质量管理经验，要予以固化、制度化，成为社会组织质量管理的常态性举措。

需要强调的是，上述四步只是全面质量管理法的一个周期。在实践中，这个周期是循环往复、持续推进的，即计划、实施、检查和处理四个步骤构成了一个质量环，又叫“PDCA环”或“戴明环”[①]。运用全面质量管理法的最终结果是：环环相扣，渐次提高，持续优化（如图12-3所示）。

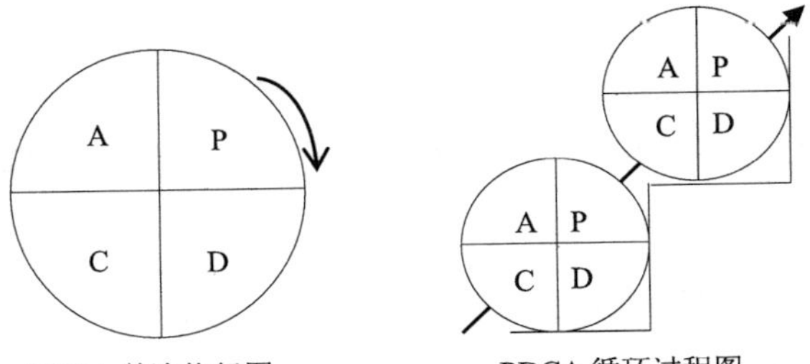

PDCA 单次执行图　　PDCA 循环过程图

图12-3　全面质量管理法示意图

资料来源：魏娜：《公共管理的方法与技术》（第二版），中国人民大学出版社2011年版，第114页。

（三）应用全面质量管理法的注意要点

第一，全面把握质量要素。在主体上“全员化”，在环节上“全过

① 质量环是由美国管理学家戴明所创设的，故称“戴明环”。

程”，在内容上“全方位”，这是全面质量管理法的基本构成要素。只有兼顾了这三个层面上的基本要素，才能称得上“全面”质量管理，这是一种“大质量观”（即通常所说的“大Q”）[①]。从另一个角度看，全面质量管理不仅是针对产品及其质量本身的管理，而且是围绕产品及其质量实施全员化、全过程和全方位的管理。犹如一道菜，不能仅关注其本身的色、香、味、营养、卫生等，而应涉及从食材生产到菜品入口所有的环节，也应涉及当中的所有主体。否则，这道菜的质量就难以保证。

第二，以参与式管理为保证。每个成员都是全面质量管理的主体，因此，全面质量管理也具有鲜明的参与式管理的特点。质量标准的设置、质量管理目标的确定、服务产品生产和递送的每一环节、质量管理的评价和反馈等质量管理的每一个环节，都需要社会组织所有成员的参与。或者吸纳各层级、各部门的意见和建议，健全质量管理体系；或者向各层级、各部门分权赋权，激活其自我管理意识；或者强化各层级、各部门的质量管理责任，把好质量管理的每一关。

第三，以质量标准设计为基础。社会组织服务产品质量可从哪些性能予以衡量，每一性能的具体评价标准是什么？社会组织内哪些主体与服务产品质量有关，他们要为服务产品质量承担哪些责任，为了保证服务产品质量他们需要如何行动？服务产品从生产到递送一共分为哪些环节，各环节对产品质量有何影响？这是质量标准设计的基本内容，明确回答这些问题也是实施全面质量管理法的前提和基础。需要说明的是，对于社会组织而言，服务产品的质量标准设计要完全依据并符合国家的法律规定和相关行业标准；对于自行研制的质量标准，除了要实现组织内部成员的参与和意见表达之外，还要听取服务对象、项目委托者、捐助者、业界专家的意见和建议[②]。

第四，以持续改进为目标。如图12-3所示，全面质量管理既需要一步

① 魏娜：《公共管理的方法与技术》（第二版），中国人民大学出版社2011年版，第112页。

② 民政部社会组织服务中心：《社会组织治理实务操作手册》，中国社会出版社2019年版，第102页。

一个脚印，依据“PDCA环”四个步骤稳步推进，更需要积累每一次进步的经验，持续进行新一轮的改进，做到环环相扣，渐次提高。可以说，全面质量管理一直走在改进的路上，没有终点。

第五，以质量管理工作体系为载体。全面质量管理法的实施需要依托一个健全的体系，因此在实施全面质量管理时，要搭建起质量管理工作体系。该工作体系包含的要素有：质量管理与执行团队，质量管理制度及其文本（如质量要求、质量记录、质量控制等），质量管理工作机制（如培训学习机制、控制纠偏机制、资源配置机制、薪酬奖惩机制、参与管理机制、目标管理机制等）。

第六，实现多种方法的配合。全面质量管理法是一种独立的方法，但它不排斥其他任何方法。全面质量管理涉及的因素非常复杂，既有物的因素，又有人的因素；既有技术的因素，又有价值的因素；既有静态的结构因素，又有动态的过程因素；既有组织内部的因素，又有组织外部的因素。这种复杂性要求全面质量管理过程要综合运用其他现代管理方法，如巴雷特图、直方图、关联图、控制图、树形图和过程决策程序图等[①]。

（四）全面质量管理法的适用范围

一般而言，如果社会组织要面向特定对象生产和递送各类服务或产品，便可适用全面质量管理法。

第一，全面质量管理法适用于提升服务质量。为满足服务对象的需求，且持续改进服务质量，适合使用全面质量管理法。

第二，全面质量管理法适用于管理项目质量。社会组织承接各类政府购买服务项目、以项目的方式开展各类服务，可使用全面质量管理法，对项目进行全方位、全过程的质量管理，提升项目管理绩效。

第三，全面质量管理法适用于塑造组织形象。严谨的质量管理体系、高质量的服务产品不仅有助于满足“顾客”的需求，而且能够提升社会组

① 魏娜：《公共管理的方法与技术》（第二版），中国人民大学出版社2011年版，第123—131页。

织的社会认同度。因此，如果社会组织欲进行品牌建设、塑造组织形象，可使用全面质量管理法。

第四，全面质量管理法适用于提升组织整体效能。全面质量管理法也可被视作“全细节”管理法，将与服务产品质量相关的主体、过程和内容等所有细节纳入管理范畴，对于清查组织内部病源、处理组织内部问题进而提升组织整体效能很有帮助。

第五，全面质量管理法适用于提振成员士气。全面质量管理法聚焦于服务产品的质量，可为各层级、各部门提供明确的工作标准和任务指向；同时，全面质量管理法倡导参与式管理，给予各层级、各部门自我管理和自我控制的自主权，让每个成员都以质量管家的身份开展工作，这对于提振社会组织成员士气大有裨益[①]。

需要说明的是，全面质量管理法涉及全员参与、全过程管理和全方位提升，这需要强大的组织支持。因此，使用全面质量管理法既需要社会组织管理层的强力推动和有效激励，又需要社会组织内部各层级、各部门的高度认可和积极配合；既需要健全质量管理工作体系，又需要运用多种管理方法。这些是推行全面质量管理法的基础性条件，在实施全面质量管理法时要注意审视这些条件是否具备，并采取积极行动促成这些条件的满足。

三、评价

（一）全面质量管理法的优点

第一，全面性、系统性。全面质量管理法虽然以服务产品的质量提升为中心，但质量管理仅仅是组织管理的直接抓手，其整体的参与、全面的视角、系统的举措能够提升社会组织的整体效能，在增强质量意识、提高产品质量的同时，也有利于鼓舞士气、提升服务对象满意度、打造组织服

① 西武：《管理方法：100年来最具影响力的28个经典法则》，电子工业出版社2013年版，第190页。

务品牌、塑造组织社会形象。

第二，循环性、持续性。全面质量管理法既有单轮次的质量提升，又倡导多轮次的持续改进，这体现了一种可贵的积极向上、敢于创新的管理品质，能够协调社会组织内部、服务对象和其他利益相关者的关系，实现社会组织的可持续发展。

第三，参与性、自主性。如上所述，全面质量管理法强调参与式管理，强调各层级、各部门的自我管理和自我控制，既可激发组织内部活力，增强组织凝聚力，又可集中组织内部资源，有利于打造事业共同体[①]。

第四，直观性、广泛性。全面质量管理法以相对直观的服务产品质量为工作核心，既可以据此整合组织资源、调动组织士气，又可以明确工作重点和任务中心。因此，社会组织管理者在很多情况下可以使用该方法。

（二）全面质量管理法的缺点

一方面，全面质量管理法需要系统性、整体性和结构性改革，操作难度较大、投入成本较高、要求条件较多，这多少对其推广应用构成了阻碍。

另一方面，全面质量管理法虽然强调“大质量观”，追求全员化、全过程和全方位的管理，但在实际应用过程中往往会片面地“就服务谈服务，就质量谈质量”，忽略系统改进、整体优化和持续创新，陷入“就事论事”思维。

① 打造事业共同体，是提升社会组织内部激励效果、推动社会组织高效运行的重要举措。郭于华、杨宜音、应星：《事业共同体——第三部门激励机制个案探索》，浙江人民出版社1999年版，第303—306页。

第十三章　关联图法

一、缘起

（一）如何以联系的思维看问题

事物或现象之间的联系具有客观普遍性。对于社会组织而言，其内部各要素之间相互关联、相互影响、相互依赖，只有以普遍联系的思维看待问题，才能把握事物或现象的本质，进而对社会组织实施有效管理。比如，某社会组织以社会工作服务为主要业务，但管理者发现本组织所提供的社会工作服务并不专业，服务质量也有待提升。与此有关的因素有数十种：管理者与专业社工之间的关系不融洽，影响了社工的服务态度；专业社工之间配合失当，导致服务过程无序、无效；专业社工本身的专业素养不够、技能不精；服务过程设计不当，各作业单元有冲突；专业社工没有按照标准规范实施服务；专业社工缺乏服务质量意识；专业社工存在职业倦怠现象；社会组织设置的服务指导标准不完善；针对专业社工的培训存在缺陷；社会组织激励机制不健全；服务强度太大，专业社工心有余而力不足；项目管理者管理不善；服务对象及其家庭不配合；服务对象所在社区不配合；服务资源投入较少，不能满足服务过程所需；需求分析失当，导致服务产品与对象需求不符；社会组织控制机制缺失，未能及时纠偏；

社会组织缺少质量管理机制；等等。

不难发现，上述所列因素都是与社工服务质量相关的。但是这些因素属于不同的范畴，有社会组织管理层面的、项目管理层面的、专业社工个人层面的、专业社工与社会组织管理者关系层面的、专业社工之间层面的、服务对象层面的等。这些因素对社工服务质量的影响也存在差异，有直接的和间接的、重要的和次要的等。因此，不仅要以联系的思维看待社会组织管理问题，而且要有逻辑地联系，即要梳理和归纳各种因素之间的关系，将复杂的逻辑关系条理化，使管理决策有章可循。

那么，哪种管理方法持有普遍联系的思维，且能帮助社会组织管理者理顺复杂的逻辑关系呢？

（二）如何实现全面的原因分析

社会组织在设计行动方向、分析内部问题、开展需求分析等过程中，都需要追根溯源，通过全面的原因分析，找到“诱因与困境”“原因与结果”“目的与手段”之间的逻辑关联。除了是/非矩阵分析法、德尔菲法、鱼骨图法和列举法之外，还有没有其他可用的管理方法呢？

关联图法能够有效应对上述问题。关联图法也被称为关系图法、管理指标关联分析法。关联图的构成要素有三个：一是问题（分析对象），二是原因（用序号表示），三是箭头（由原因指向结果）（如图13-1所示）。

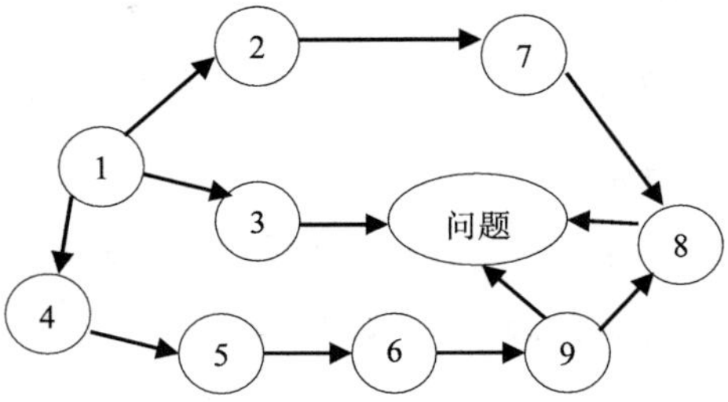

图13-1　关联图示例

资料来源：么秀杰：《最有效的100个常用管理方法》，人民邮电出版社2013年版，第124页。

关联图法旨在通过关联图示，梳理各关联要素的关系，找出解决问题所需遵循的主要“因素链”，进而设计有针对性的应对方案和管理举措。

二、应用

（一）关联图法的作用机理

第一，事物和现象之间是普遍联系的，解决问题需要有逻辑地追根溯源。关联图法遵循的操作逻辑在本质上体现在两个方面：一方面，全面地查摆、列举与所议问题（现象）相关联的因素；另一方面，审视各关联因素，找出各因素之间的关联顺序和逻辑关系，并绘制关联图。这样就能够使社会组织管理者准确把握事物或现象之间的内在关联，找到诱发所议问题（现象）的因果关系链。

第二，复杂的逻辑关系可以通过图示变得有序化、明晰化。在某种程度上可以说，诱发所议问题（现象）的因素都是存在于人们的大脑当中的，只不过是以散碎、零乱的方式存在的。换言之，当我们看到任何一种因素时，都很清楚其对于所议问题（现象）的影响。但是面对复杂的、多元化、多层次的因素，我们不能仅停留于知道这些因素的存在，而应该将这些因素的复杂逻辑以清晰的方式呈现出来，让其跳出大脑，呈现在纸面上。这样，复杂的逻辑关系不仅可以被有条理地表述，而且可以被人们用于交流。这正是关联图的功用之所在，也是关联图法的目标之所在。

第三，根据箭头确定分析结果。利用关联图中箭头的特性来得到结论，有四个要点需要注意：一是箭头只进不出的节点是分析议题（所议问题或现象），如图13-1中的“问题”节点。二是箭头只出不进的节点是“主要原因”（或曰“关键原因”），如图13-1中的“1”。三是箭头有进有出的是“中间因素”，此类节点在关联图中占大多数，如图13-1中的“2”“3”“4”“5”等。四是箭头出的多于进的中间因素是“关键中间因素”，如图13-1中的“9”[①]。

① 么秀杰:《最有效的100个常用管理方法》,人民邮电出版社2013年版,第124页。

（二）关联图法的应用程序

应用关联图法，可按照如下五步实施：明确分析议题、查找并列举原因、梳理逻辑关系、绘制关联图示和依据要因决策（如图13-2所示）。

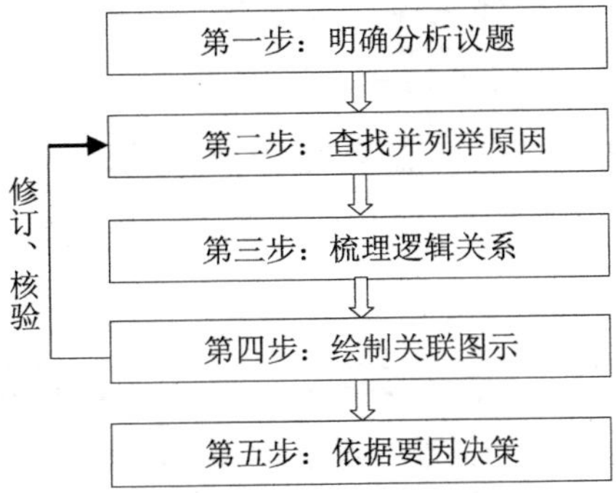

图13-2　关联图法的应用程序

第一步，明确分析议题。依据社会组织所面临的问题、困境、瓶颈因素以及大家所关注的现象等，确定所要分析的议题。比如，是什么影响了社会工作服务的质量？或者，为什么本组织所提供的社会工作服务质量较低？如何提升社会工作服务质量？

第二步，查找并列举原因。紧扣分析议题，调动各种力量、发挥各种智能，查找影响所议问题（现象）的因素，并将之逐一记录下来。然后讨论是否有遗漏、重复和虚假的因素。在这一步，可以使用头脑风暴法、德尔菲法、鱼骨图法等。

第三步，梳理逻辑关系。这一步是关联图法的核心步骤，旨在细致全面地梳理各因素之间的逻辑关系，并反复核验逻辑关系的正确性。

第四步，绘制关联图示。依据所列因素及其逻辑关系，绘制关联图。这一过程也要反复核验，必要时还需回到第二步，重新查找关联因素、确定逻辑关系。

第五步，依据要因决策。观察关联图，根据箭头的特性确定“主要原因（关键原因）”“中间因素”“关键中间因素”，进而提出解决方案。

（三）应用关联图法的注意要点

第一，多主体参与。在原因查摆和列举的过程中，要吸纳多种主体参与，便于获得各个层面的信息，实现原因查摆和列举的全面性。这要求社会组织做到内部主体和外部主体（包括服务对象、利益相关者、专家等）相结合、社会组织内部各层级和各部门相结合等。

第二，多种方法相结合。在查摆和列举原因、确定逻辑关系的过程中，分析小组可以将关联图法和头脑风暴法、德尔菲法、鱼骨图法等紧密结合，以提升分析效果。

第三，多轮次优化。为提高关联图法分析结果的稳健性和可靠性，需要注意多轮次优化——反复核验要素之间的逻辑关系及其正确性；在绘制关联图时，可能会发现新的问题，在必要时还要返回第二步（如图13-2所示）。

第四，多指标核验。在使用关联图法时，要把握多种核验指标，比如原因列举的全面性、因果关系的真实性、主要因素的准确性等。只有充分利用这些指标进行核验，才能保证关联图法的使用质量。

（四）关联图法的适用范围

第一，针对社会组织面临的问题，查找该问题的诱因时，可以使用关联图法。

第二，针对社会组织中发生的某一种现象，需要研判与这一现象有关的各种因素时，使用关联图法是有效的。

第三，针对服务对象与利益相关者（如项目委托者、志愿者）的需求分析，利用关联图法能够充分发现他们的需求类型、需求诱因等。

第四，针对社会组织项目管理效果、质量管理效果等影响因素的分析，关联图法是适用的。

第五，针对社会组织某一行动方案的评价，若需要分析其可行性，可以利用关联图法来确定其前提条件并研判这些条件是否具备。

三、评价

（一）关联图法的优点

第一，适用范围广。如上所述，社会组织管理实践中的很多事务都可以采用关联图法，比如问题及原因的确定、某一种现象及关联因素分析、服务对象与利益相关者的需求分析、项目管理效果和质量管理效果的影响因素分析、行动方案可行性及条件分析等。这是因为事物和现象具有普遍联系的特征，而关联图法遵循的分析逻辑与这一普遍规律相一致。

第二，操作难度小。应用关联图法所需要的技术主要是因素探析和图表绘制，无须精密的数理分析和模型建构，也无须烦琐的实证调查和数据处理，因此其操作难度较小，也便于在社会组织中推广使用。

第三，分析系统全面。系统全面的分析是保证决策结果稳健的前提。一方面，关联图法要求全面查摆和列举原因，追求逻辑上的周延性；另一方面，关联图法持有"普遍联系"的分析思路，这有利于分析小组全面关注所议问题（现象）的影响因素。

（二）关联图法的缺点

第一，实际讨论的内容可能远离社会组织的实践情境。为实现原因查摆和列举的全面性，决策小组在实际的讨论过程中，可能会出现"天马行空"的现象，导致所议内容与社会组织实际情境相去甚远。另外，关联图法遵循事物是普遍联系的分析思维，由A论及B，由B谈及C，由C关联到其他更多的因素，这种衍射状的分析，虽然有利于获得全面信息，但也极可能让使用者"渐行渐远"，最后反而无助于社会组织管理的改进和发展。

第二，关涉要素的复杂性可能使关联图显得凌乱。社会组织管理实践中所面临的问题是多种多样的，有些还是非常复杂的，在这种情况下，关联图将会十分庞大、零乱，掩盖了事物和现象之间的逻辑关系，无益于准确结果的得出。

第三，因果关联的确定可能面临争议。仁者见仁，智者见智。社会组织在进行因果关联逻辑分析时，难免会出现不同的见解，甚至出现矛盾冲突的观点。此时，决策小组内部就可能会出现较大分歧，无法得出一致的观点，使关联图的绘制难以顺利进行。尤其是在面临事关自身利益、与自身情感直接相关的要素时，参与者的主观性将会嵌入关联分析过程之中，使分析结果的客观性大打折扣。这一问题需要利用德尔菲法予以解决，同时，也需要决策小组事先制定有针对性的决策规则，便于出现分歧时能够依据预设规则进行处理。

第十四章　程序控制法

一、缘起

（一）如何实施有效的控制

控制是管理工作的基本职能之一，也是管理过程不可或缺的一部分[①]。防止组织成员怠惰，促使组织成员切实履责，提高组织运行效率，保证组织目标和计划符合预期等都需要进行控制[②]。在社会组织管理实践中，可通过现场观察法、统计数据资料分析法、专题报告分析法、人员管理控制法和内部审计法等实施控制[③]。这些方法都被称为传统控制方法，社会组织管理者可以综合运用这些方法来实施控制和纠偏。但是这些控制方法的持续性不强，更多体现为一次次的控制活动，不能以“常态”的方式实时控制和及时纠偏。那么，有没有一种控制方法可以实现常态化的实时控制和及时纠偏呢？

---

① 周三多：《管理学》（第二版），高等教育出版社2006年版，第276页。

② 蔡立辉、王乐夫：《公共管理学》（第二版），中国人民大学出版社2018年版，第351页。

③ 魏娜：《公共管理的方法与技术》（第二版），中国人民大学出版社2011年版，第61—63页。

（二）如何使组织规范运行

具有现代性的社会组织应该具备一个基本的特征，那就是形成规范的内部治理体系，以制度化的方式有序运行。在调研中笔者发现：有一些规模较小的社会组织，常常以管理者的个性为依据来运行，组织内部治理的制度化和规范化水平较低；处于初创期的社会组织，不知道如何来提升组织运行的规范化、制度化水平，使社会组织更像一个正式组织，而不是“草台班子”。哪一种管理方法可以有效应对这些问题呢？

程序控制法能够帮助社会组织管理者解决上述问题。程序控制法以工作流程的设计和遵守为核心，对组织内部重复发生的工作形成标准和指引，进而有效避免出现偏差、推动组织规范运行[①]。

二、应用

（一）程序控制法的作用机理

第一，程序是一种计划。简单而言，程序就是流程，就是从事某项工作、实施某项任务、处理某个问题所计划遵循的基本步骤和环节，是对具体工作及其操作流程的计划安排和设想。显然，程序是一种有指导和规范作用的计划，能够告诉社会组织成员在什么时候应该做什么事情，在什么情况下应该如何操作等。这也是其发挥控制作用的内在本质。以财务报销为例，假如存在两种程序：一种是经办者拿到票据后直接到会计处报销并领取现金；另一种是经办者获取合法票据后，到其业务主管处审批，其业务主管审批后到财务主管处审批，财务主管审批后到组织负责人处审批，

① 这里需要强调的是：程序本身就是一种制度规定，以弗雷德里克·W.泰勒为代表的科学管理理论在本质上十分强调程序的作用，认为合理化的工作流程、标准化的训练、制式化的任务规程等都是组织效率的根本保障，这是组织理性化的表现。虽然后期的行为管理学派等都对科学管理理论进行了批判和改进，但“程序是重要的”“程序有助于组织规范化、高效化运行”等思维仍或明或暗地贯穿于组织管理思想中。于显洋：《组织社会学》（第三版），中国人民大学出版社2016年版，第41页。

然后到会计处报销并从财务出纳处领取现金。显然，这两种程序都具有指引作用，告诉经办者如何处理财务报销事宜。但是，第二种程序要比第一种程序烦琐，不过这种烦琐的程序更具约束作用，能够通过多个主体的审批实现财务监督，防止财务风险发生。换言之，程序一方面规定了“必须怎么做”，另一方面为工作过程添加了多种监督主体，可使工作更为规范。

第二，程序是一种优化了的计划。工作流程可能有繁有简，有必需的也有非必需的，有协调一致的也有冲突交叠的，有灵活的也有僵化的。总之，管理实践中的程序既可能发挥规范的功能，也可能带来抑制组织活力、增加运行成本、导致管理僵化等问题。因此，程序控制法中的程序应是“优化了的计划”，既聚焦规范运行和有效控制，又降至最少、最为必需。

第三，程序是一种优化了的约束性计划。在程序控制法看来，程序应该简便易行、科学合理，但这仅仅是程序的第一个维度。程序的第二个维度就是具有强制约束性和权威性，要求程序必须被严格地遵循，这是其发挥控制作用的基本要求（如图14–1所示）。实现程序的约束性，需要社会组织高层的强制推行和率先示范；需要加强关于程序的培训、学习，使组织成员清楚了解程序的各个环节，理解程序制定的价值和意义；需要出台保障程序实施的制度，加强程序遵循的监督、奖惩等。以此保证程序的实施[①]。

图14–1　程序控制法的作用机理

（二）程序控制法的应用程序

应用程序控制法，一般需遵循四个步骤：问题分析、程序设计、程序

① 魏娜：《公共管理的方法与技术》（第二版），中国人民大学出版社2011年版，第63—65页。

实施和优化改进（如图14-2所示）。

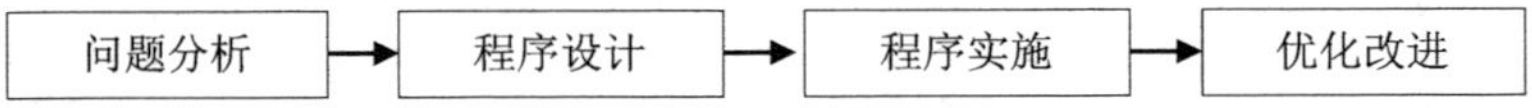

图14-2　程序控制法的应用程序

第一步，问题分析。问题是程序控制的起点，控制职能要有明确指向——哪些行为需要规避，哪些问题需要控制纠偏，哪些环节容易出现问题，哪些岗位容易发生风险。因此，需要首先开展问题分析，明确问题的范围、表现、危害、实质、原因、频次、概率和趋势等，这也是设计程序的基本依据。

第二步，程序设计。依据问题分析，设计工作流程，形成组织运行、管理和工作展开的程序。这里需要强调的是，程序设计是一个系统性工程，要兼顾如下几个方面：一是程序多寡繁简要适当，多了、繁杂了就会导致社会组织运行和管理成本增加；二是要明确程序所涉领域，包括所涉层级和部门、所涉任务和活动等；三是程序要明确，不能含糊不清，要通过文字、图表、流程图等方式清晰表述；四是程序实施条件要健全，包括健全的实施制度、有效的培训和指引、不同程序之间要协调（程序之间不能交叠，更不能冲突）等。

第三步，程序实施。按照程序要求严格实施，将所设计的程序嵌入组织的运行和管理过程，实现程序的控制功能。

第四步，优化改进。在程序实施一段时间后，要进行复验和审视，评估其取得的成效、存在的问题，明确哪些地方是需要坚持的，哪些问题是需要改进的，以此来防止程序的僵化。

（三）应用程序控制法的注意要点

第一，程序设计要合理。程序控制法的工具是程序，因此程序的合理性水平决定了程序控制法的有效性水平。一般而言，合理的程序应该兼具如下特点：一是必要的至简性。程序越烦琐，社会组织的运行成本越高，只有程序所需成本低于程序带来的收益，程序控制法才是有效的，才对组织有益。所以在发挥必需、必要控制功能的前提下，程序要降至最少。二是协调性。不同的程序之间要避免重复、交叉和冲突。三是针对性。程序的设计要切实针对社会组织面临的问题，要以控制功能的实现和问题的解决为依据。四是制度性。程序要以制度化的方式确定下来，以此确保其权威性和合法性，便于其被遵守并被执行。五是明确性。程序要直观、明确、具体，便于组织成员理解、掌握和遵守。从另一个角度来讲，程序要具有便于执行的特性，能够给人以明确的规范和指导，而不是徒增社会组织运行的复杂程度，让执行者陷入迷宫般的混乱轨道之中。六是参与性。在设计程序的过程中要充分吸收一线工作人员的意见和建议，这也是提高程序可行性的需要。

第二，社会组织管理者要率先垂范，做遵守程序的榜样，这是保证程序发挥控制作用的基本要求，也体现了社会组织管理者对程序控制法的认可。

第三，程序管理要具有系统性。不仅要设计科学合理的程序，而且要采取系统全面的措施来管理程序。如要确保程序与目标之间的关联性，使程序真正成为提升控制效果的必要手段；要用准确简明的文字、图表、符号等呈现程序（如文件汇编等）；建立健全学习和培训机制，使组织成员掌握、理解程序的内容，支持程序的规定；建立健全程序检查督导机制，确保组织成员按照程序办事，并适时纠偏、奖惩；建立健全程序评估机制，及时总结经验教训，适时修订程序，防止程序过时、程序僵化、程序虚化。

第四，注意例外原则的运用。程序要求按照既定要求和标准行事，而社会组织管理过程是丰富多彩的，因此程序往往会带来僵化、死板等后果。所以在使用程序控制法的时候，要注意事先明确例外原则，以此来提高程序控制法的弹性和适应性。

（四）程序控制法的适用范围

第一，在涉及控制和约束组织成员行为，防止组织成员损害组织利益、偏离组织目标的管理领域，程序控制法是有效的。

第二，在提升社会组织规范化运行水平的时候，可以通过制定各种程序、运用程序控制法的方式实现目标。

第三，在改进组织运行方式、提升组织效能时，不妨从程序着手查找问题，并从程序着手设计方案。

三、评价

（一）程序控制法的优点

第一，预先提供了行事的过程和标准，能够明确指导组织成员开展工作，使社会组织的运行规范、有序。

第二，预先设计了执行的环节和要求，能够对执行者形成有效约束，防止执行者任性、随意地工作，减少执行偏差，降低执行者行为失范的风险。

第三，程序控制法内容清晰、容易理解、便于操作、适用范围较广，因此程序控制法更容易被社会组织管理者掌握使用。

（二）程序控制法的缺点

第一，效率可能被忽视。程序本身就会导致社会组织运行成本的提升，尤其是时间成本和交易成本，因此程序往往是组织“内耗”的根源，这是程序控制法固有的特性——通过预设行为轨道和嵌入多元主体的方式实现控制的目标，在这一过程中，效率往往是被忽略的。

第二，预见性和应急性不够。程序是预先设计好的具有约束性的工作流程，这往往使其缺乏足够的预见性，尤其是在实施过程中如果没有及时修订程序，就会导致程序过时、失效。同时，程序在发挥约束作用时常常为执行者设置“笼子”，对执行者有各方面的框架性限制，这导致执行者在出现紧急状况时无法灵活应对。

第三，存在执行矛盾。组织僵化、管理死板是社会组织运行的大忌，而对程序的过分依赖势必导致组织僵化和管理死板。但是，如果不严格遵照程序执行，又是对程序权威性的漠视，降低了程序的持续约束和规范作用，难以实现控制功能。从这个角度看，程序管理法常常会面临严格执行和死板僵化的矛盾。

第十五章　预算控制法

一、缘起

（一）如何开展有效控制

组织决策的执行、效率的提升都需要控制职能的有效发挥。“恰当的控制能够帮助管理者寻找具体的绩效差距和需改进的领域，更好地控制这些领域正在进行的工作。不管计划、组织和领导过程多么周全，没有恰当的控制系统，决策仍然可能无法得到有效的实施。”[①]除了程序控制法之外，还有没有其他有效简便的控制方法呢？

（二）如何做到责权利相统一

责权利相统一是管理学中最古老的原则和命题之一，也是任何一种管理实践都不能忽视的基本原则之一。然而，如何做到承担的责任与所拥有的权力和所获利益相匹配却是值得思考的问题。哪种方法能够帮助社会组织管理者做到责权利相统一呢？

---

① [美]斯蒂芬·P.罗宾斯、玛丽·库尔特:《管理学》(第九版),孙健敏、黄卫伟、王凤彬等译,中国人民大学出版社2008年版,第507页。

（三）如何提高项目管理绩效

在完成既定目标的情况下节约成本，在成本最低的情况下按照计划行动，都是组织运行有序、管理有效的表现，这也是我们对管理者最基本的期待。在项目管理日趋普遍的情况下，如何提高项目管理的绩效呢？哪种办法既能提高项目管理绩效，又能控制项目执行过程呢？

预算控制法能够帮助社会组织管理者解决上述问题。在本质上，任何一个决策的执行和计划的实施都是人财物等各种资源的配置活动，因此通过对特定时间段内收支的预计，并严格执行和评估之，既可以为执行实践提供明确依据，又可以据此采取有针对性的控制行动[①]。

二、应用

（一）预算控制法的作用机理

第一，执行本质上体现为人财物的具体配置，而这一切又都和预算直接相关。因此，在执行之前通过预算的方式明确收支计划，本身就是对未来行动的科学设计。预算既可以被视为执行实践的具体指导，又可以被视作监督评价和控制纠偏的依据。比如，在预算中确定某项目的志愿者费用为2万元，在执行中若可能超过2万元，财务部门将会对项目组发出预警，超过部分也将无法通过财务程序予以报销。因此，项目组会在执行中严格按照预算开展工作，而不至于偏离原计划。

第二，预算常常需要通过上下交互而形成，是一种参与式管理。预算既需要预算单位（可能是某个部门，也可能是某个项目组）依据目标编制，又需要财务部门和上级部门审核批准。预算的交互性能够促进各层级的交流和沟通，促进组织内部相互理解，可提高执行的积极性，也为自我

① 魏娜：《公共管理的方法与技术》（第二版），中国人民大学出版社2011年版，第65页。

控制和上级控制提供了空间。

第三，执行中的自我控制。预算作为刚性的收支计划，限定了执行主体（预算单位）的实际行动边界。执行主体在预算允许的范围内自主决策、自主行动，对可能超出预算的行为进行自我控制。从这个角度讲，预算控制法能够实现源头控制，将风险控制在初始状态，而不是待问题发生后再予以纠偏。

第四，预算为控制提供了明确依据。控制需要以评价为依据，而评价的主观性往往导致其结果具有不确定性。预算是执行之前的收支计划，以经济指标、财物数量为标准，客观性强，可以为所有的控制主体提供明确依据。

第五，预算控制法兼有事前、事中和事后三种属性。预算的编制与审核，属于事前控制；执行过程中执行主体的自我控制、财务部门和上级部门的适时监控，属于事中控制；执行完成后的决算过程及审核，属于事后控制。

（二）预算控制法的应用程序

使用预算控制法，大致需要四个步骤（如图15-1所示）。

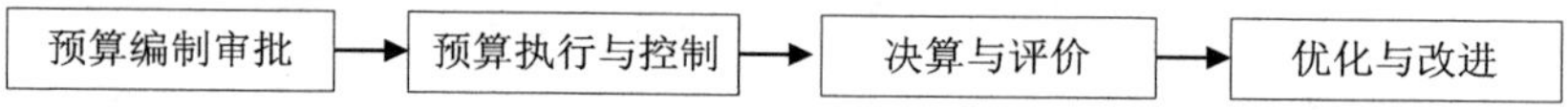

图15-1　预算控制法的应用程序

第一步，预算编制审批。编制单位（执行单元）依据工作目标、任务内容等，编制预算草案，在与财务部门、上级部门交流沟通后形成预算计划并经有关部门批准。

第二步，预算执行与控制。预算被批准后，执行单元依据预算计划开展执行行动，并实时分析、总结和预测，实施自我控制，防止执行行动超出预算安排。同时，财务部门和上级部门也依据预算，实时监控执行行动，对可能超出预算、存在财务风险、不符合经济效率的行为进行预警和制止。当然，为了保证预算的弹性和适应环境变化，在一个预算周期内允许进行一次预算调整。

第三步，决算与评价。特定预算周期执行完毕后，编制单位（执行单元）要进行决算，编制翔实的财务报告；财务部门和上级部门对决算以及任务执行情况进行评价；必要时，可邀请专门的审计人员对决算进行审计。

第四步，优化与改进。依据决算及评价结果，总结经验和教训，作为新一轮预算的依据。

（三）应用预算控制法的注意要点

第一，预算要准确科学。在预算控制法中，预算既是执行的依据，也是控制的依据，因此预算要准确科学，既要保证任务的完成，又要保证资源配置的高效性。一方面，预算所安排的人财物资源要能够充分支撑任务的开展。否则，将会出现“巧妇难为无米之炊”的窘况，工作无法充分开展、目标无法完全实现。这样的预算就将决策和任务送进了“不可能”的陷阱。另一方面，预算安排要符合效率原则，不能过于宽松而导致资源的浪费，这种预算也与控制的初始目标不符。保证预算的准确科学要做到如下几个方面：一是充分调查，掌握物价、人力成本等各种信息；二是注重经验，要吸纳一线员工的意见，搜集他们关于任务执行的经验性信息，这是保证预算准确科学的关键；三是注重多轮交互，反复核验；四是要严格依据目标和任务来编制预算，确保预算能够与目标和任务分解后的每一子系统相对应，对于必要的工作要充分支持，对于不必要的工作要断然剥离；五是预算要明确，不能含糊，否则将失去指导和约束作用；六是邀请专业人士参与，必要时成立“预算委员会”。

第二，参与式管理。在预算编制、预算执行、决算评价等过程中，要充分尊重各层级的参与权，既通过参与式管理获得全方位的信息，又通过参与式管理调动各层级自我控制的积极性。这也是实现事前、事中和事后三重控制的基本要求。

第三，要严格执行预算。预算一旦确定，便具有刚性，执行单元要严格执行，不得突破。如果预算是完全灵活的，可以随便地突破，便意味着其约束性的丧失，也就不再具备控制功能。

第四，预算要具有适度弹性。作为预期计划的预算很可能不符合执行实践，也可能因为执行的外部环境发生了变化（如物价上涨），导致原有预算无法执行。因此，要保持预算的适度弹性——在预算执行了一段时间后（一般是执行的中期），以制度化程序化的方式调整预算，使预算更加符合实践需要。

第五，有预算必有决算。简单而言，决算就是对预算的总结，是根据预算执行结果而编制的会计报告。反思和评价执行结果，发挥预算的控制作用，为后续预算提供经验参考，这些都需要以决算为依据。所以，在每一个预算周期结束后都要进行决算。

第六，要实时展开控制。决算是最终也是最重要的控制，但预算控制法的控制功能并不局限于决算控制。因此，控制及纠偏活动要实时展开，在执行过程中一旦发现有超出预算的风险、资源浪费的行为、财务失范的现象等，就要及时实施控制措施。

（四）预算控制法的适用范围

因为几乎所有的方案实施和计划执行都伴随着人财物资源的配置，所以预算控制法的适用范围非常广，可应用于所有执行实践的控制。尤其适用于如下两个领域：一是为了提升执行单元的责权利统一程度，可在执行过程中采用预算控制法；二是在项目管理过程中，为了提高项目的效果，加强项目执行的控制水平，可着重采用预算控制法。

三、评价

（一）预算控制法的优点

第一，适用性强。预算与人财物等执行成本直接相关，因此，凡涉及人财物资源配置的领域，都可以采用预算控制法。

第二，参与性强。在预算编制、确定，预算执行以及决算评价等过程中，都强调参与式管理，这有助于激发社会组织内在活力。

第三，约束性强。预算控制法强调预算的权威性和刚性，能够对执行主体的行为进行有效约束。同时，具体执行行为需要特定的人财物等资源作支撑，而预算又直接关乎人财物资源的获得。在此意义上可以说，预算能够直接决定执行行为的发生或不发生，这与控制和纠偏的要求完全吻合。

第四，激励性强。预算控制法遵循责权利统一的原则，能够激励并在资源上保证执行行动的开展。

（二）预算控制法的缺点

第一，预算的科学性往往难以保证。在预算编制过程中，往往无法充分预见具体的执行成本和外部环境的影响，容易导致预算偏差，而预算偏差会对执行效果和控制效果带来不利影响。

第二，刚性的预算在保证控制效果的同时，可能会对执行主体的能动性带来消极影响。同时，具体预算科目的不准确性，可能导致关键的执行行动无法展开，阻碍整个执行计划的实施。

第三，在编制预算的时候可能更多关注效率和执行成本的控制，相对忽视任务目标和方案效果。在这种情况下，容易催生执行主体“有多大锅下多少米”的态度，而不去追求更好更显著的效果。

第十六章　多指标综合评价法

一、缘起

（一）如何实施令人信服的评估

一方面，在社会组织管理实践中，经常会涉及对自身提供的服务质量、项目管理成效、部门管理绩效、成员个人工作绩效等进行评估。另一方面，社会组织也经常承接与评估有关的政府委托项目，比如，安徽省民政厅曾在2019年7月公开招标购买了“志愿服务品牌项目推进工程评估项目”和“社会公益服务‘十百千’工程评估项目”。无论是对社会组织内部进行评估还是对其他主体进行评估，都需要回答如下问题：如何开展评估，才能使被评估者认可？如何提升评估工作的信度和效度？

（二）如何对评估对象进行排序

社会组织无论是对内部主体或项目进行评估，还是对外部主体及其绩效进行评估，都不仅要对每一个评估对象作出结论，而且常常要对评估对象进行排序。比如，政府拟对2个社会工作服务项目进行奖励，而符合奖励条件的社会工作服务项目有5个，可以按不同指标对这5个社会工作服务项目进行评估，但是已有指标单位不同、数字大小各异，且有正向指标

（越大越好）和负向指标（越小越好）（如表16–1所示）。

表16–1 所涉5个社会工作服务项目指标

项目序号	服务人次/人	覆盖乡镇、街道数量/个	服务成本/万元	服务对象满意度	服务对象投诉次数/次
A项目	300	2	50	95%	8
B项目	500	2	60	93%	10
C项目	200	3	30	98%	13
D项目	350	4	40	90%	15
E项目	400	5	60	91%	9

作为评估者，如何对上述五个评估对象进行排序？

其实，除了在评估实践中需要排序之外，在择优遴选、末位淘汰、奖惩激励等过程中也都需要排序。那么，如何在指标众多、单位各异、数字不一、有正有负的前提下，得出令人信服的排序结果？有没有专门的管理方法可以有效处理这一问题？

（三）如何在多种对象中进行选择

为降低社会组织的运行成本，需要在多个产品中进行合理采购；为了提高社会组织的行动质量，需要在多个方案中进行择优决策；等等。在做这些选择的过程中，也涉及对多种指标的科学处理，进而合理地排序。比如，社会组织要采购一批电脑，需要将不同品牌电脑的性能、容量、外观、适用程度、价格、使用寿命、售后服务等指标进行综合比较后才能决定。那么，如何提高选择的科学化程度呢？采用何种方法能够使选择更为稳健、更为合理呢？

多指标综合评价法能够帮助社会组织管理者解决上述问题。多指标综合评价法利用标准正态分布的特性和原理，将不同的指标予以标准化，使指标之间可以直接加减，进而得出综合指数。这样做，不仅将有差异的多种指标综合成一个指数，而且使排序成为可能。重要的是，这种排序结果建立在科学计算和定量处理的基础之上，更加令人信服。

二、应用

（一）多指标综合评价法的作用机理

第一，承认评价指标的多元性。任何一个事物都具有多种属性，是无法通过单一指标实现全面评价的。因此，需要依据由多种指标构成的综合性的指标体系来进行评价。虽然每一个指标的重要程度不同，但都在某个层面上反映了评价对象的某种属性，因此每一个指标都是重要的，都需要被纳入评价指标体系当中。但同时，每一个指标的具体特征又是不同的，不能简单加减合成，所以需要采取合理的方式予以处理。

第二，利用标准正态分布的特性和原理将指标标准化。对于每一个定量指标（x_i），都可以计算其平均数（μ）和标准差（σ）。依据标准正态分布的特性和原理，求出每一个评估对象的每一个指标的Z分数：

$$Z=(x_i-\mu)/\sigma$$

不难发现，Z表示的是特定对象在特定指标中与其平均数的“标准差距离”。“标准差距离”的大小意味着该对象在特定指标中距离其平均数的远近。对正向指标而言，正向的距离越远，说明其越好；对负向指标（逆指标）而言，负向的距离越远，说明其越好。“标准差距离”本身没有单位，也不受单位、数字大小的影响，其反映的就是标准化了的“距离”。因此，经过标准化的“标准差距离”是可以加减合成的，这就为不同指标的综合奠定了基础。

第三，实现指标的量化。“标准差距离”需要定量数据通过计算才能得出，因此多指标综合评价法要求将所有指标进行量化处理。

（二）多指标综合评价法的应用程序

应用多指标综合评价法，大致需要遵循三个步骤（如图16-1所示）。

第一步：
指标量化，计算各指标的均值和标准差

↓

第二步：
指标标准化，分别计算各个指标的 Z 值

↓

第三步：
将 Z 值加总，得出评判结果

图16-1　多指标综合评价法的应用程序

第一步，指标量化，计算各指标的均值和标准差。这一步有三个任务：一是科学研判分析对象的评价指标，形成完整的指标体系。二是依据指标体系收集量化数据，为每一个对象的每一个指标赋值。三是分别计算每一指标的均值和标准差。表16-1中的指标体系由“服务人次”“覆盖乡镇、街道数量”“服务成本”“服务对象满意度”“服务对象投诉次数”等构成。赋值指的是将每一个项目的每一个指标的值找出来。以表16-1为例，分别计算5个项目服务人次的均值和标准差，覆盖乡镇、街道数量的均值和标准差等，以此类推。

第二步，指标标准化，分别计算各个指标的Z值。这一步有如下几个任务：一是依据公式$Z=(x_i-\mu)/\sigma$，分别计算每一个项目的每一个指标的标准值。二是将逆指标的Z值乘以“-1”，转化为正向指标，便于加减合成。三是赋予各指标适当的权重，然后分别将Z值乘以所对应指标的权重。比如，表16-1中，如果“服务人次”的权重是3、“覆盖乡镇、街道数量”的权重为2，就需要将它们的Z值分别乘以3和2。如果所有指标的权重都一样，那么为了使整个指数为1，则将每一个Z值分别除以指标数量。以表16-1为例，需要将每一个Z值除以5（或乘以1/5）。

第三步，将Z值加总，得出评判结果。将第二步计算所得Z值加总，即可得出每一对象的综合指数，指数越大则说明该对象的绩效越高，反之亦反。依据综合指数，也可以对所有对象进行排序。需要指出的是，各个指标的权重不同，所得结果也会出现差异。

（三）应用多指标综合评价法的注意要点

第一，指标要科学。尺子的刻度不准确、不完整，其测量结果自然值得怀疑。评价指标就是尺子的刻度，对指标的选取和指标体系的设计要慎之又慎。科学的指标体系应具备如下几个方面的特性：一是全面性。指标体系要能够涵盖测度对象的各个方面，尽可能设计周全，最起码能够反映测度对象的基本属性①。二是目的性。指标体系要与评估目的相契合，能够满足评估所需。三是可操作性。指标所需要的数据和信息要具有可得性，能够被真实、客观地度量，能够被合理地赋值。四是可比性。评估常常以排序为目的，这要求评估指标具备可比性，不能仅仅限于“分类”。五是独立性。每一指标针对的是一个属性、一方面的问题，指标之间应该相互独立而不应交叉混同。六是层次性。指标常常以“群”和“层”的方式出现，因此要有逻辑地对指标进行整合并区分不同类型、不同层级的指标，使指标体系更加完整，也为指标权重的设置奠定基础。

第二，权重要合理。指标体系要全面、无遗漏，但这并不意味着每一个指标都具有同等的地位，因此需要合理确定每一指标的权重。权重的设计要注意如下两个方面：一方面是合目的性。权重要紧密结合评估目的来设计，要赋予与评估目的关联紧密的指标以较高权重，这是指标选择和权重确定的基本依据。比如，评估是为了提高社会组织的社会形象，那么关于服务对象、利益相关者（如行业主管部门、项目委托者）满意度的指标就应被赋予较高权重。另一方面是多元交互性。权重的确定具有较强的主观性，不同主体对于指标权重的认识是不同的，甚至存在较大差异。因此，社会组织管理者在确定指标权重时要秉持“兼听则明”的原则，吸纳各类主体的意见，在多元交互的过程中提升权重设置的合理性。

第三，赋值要慎重。多指标综合评价法的主要特点就是定量测度，因

---

① 吴增基、吴鹏森、苏振芳:《现代社会调查方法》(第三版),上海人民出版社2009年版,第55页。

此其对各指标的测度值有着较高的依赖性。如果赋值不准确，不仅无法准确获得评价对象的特征信息，而且会影响计算结果。在应用多指标综合评价法时，一方面要科学设计指标，便于数据采集和赋值；另一方面要细致搜集信息、反复核查信息的准确性，在此基础上慎重赋值。

第四，计算要仔细。多指标综合评价法的优长之处在于可以得出令人信服的排序结果，这是因为其有着严谨的指标赋值和数据计算。因此，在应用多指标综合评价法时，要谨慎对待每一个计算过程，确保所有计算结果准确无误。

第五，方法要重视。在指标设计、权重设置等过程中，可以辅以头脑风暴法、德尔菲法等，通过多种方法的综合运用，提高多指标综合评价法的使用质量。

（四）多指标综合评价法的适用范围

第一，适用于各类评估（评价）。包括社会组织对自身内部有关事务、部门、项目、人员等的评估，也包括社会组织对组织外部的其他对象的评估。

第二，适用于各类选拔和排序。这是多指标综合评价法最大的优点，可将多种指标整合为一个综合指数，以此来实现结果的定量化，便于排序、择优或奖惩。

第三，适用于正态分布数据。多指标综合评价法利用标准正态分布的特性和原理将指标标准化，因此其要求所得数据属于正态分布。或者说，在进行测度和指标赋值时，要对数据是否趋于正态分布进行估计。如果数据不服从正态分布，则该方法并不适用。

三、评价

（一）多指标综合评价法的优点

作为一种评估（评价）和排序（择优）方法，多指标综合评价法具有多个其他方法无法比拟的优点。

第一，定量测度。多指标综合评价法倚重定量测度，比定性评估更加客观，也更能令评估对象信服。

第二，指标综合。多指标综合评价法采用的综合指标体系能够系统反映评估对象的特性，使评估结果更加全面和准确，也更加具有权威性。

第三，明确排序。多指标综合评价法能够依据综合指数，实现对评估对象的排序，便于评估结果的运用，也便于该方法在多个领域使用。

第四，简单易用。虽然多指标综合评价法涉及数字计算，但计算的难度很小，利用办公软件Excel、SPSS等都能轻松地完成计算。这种简单易用的特性，便于多指标综合评价法在社会组织管理实践中推广。

第五，加权处理。加权处理使得多指标综合评价法能够与评估目的紧密结合，也使得评估结果更加科学。

（二）多指标综合评价法的缺点

第一，多指标综合评价法依赖定量数据，不适用于定性评价。为了获取定量数据，花费的时间成本和物质成本也相对较高。

第二，虽然多指标综合评价法非常强调定量，但作为关键要素的指标和权重的确定却有着较强的主观性。选择什么指标、选择多少指标、对各指标赋予什么样的权重，不同的选择会产生不同的排序结果。因此可以说，指标和权重确定的主观性会使多指标综合评价法的主观性大大增强。另外，指标和权重确定的主观性也意味着产生分歧和冲突的概率增加，这使得评估过程充满矛盾。

第三，多指标综合评价法通过Z值实现了数据的整合，但其过滤掉了评估对象的属性，变得非常抽象，损失了数据原有的信息，使得评估结果除了便于排序之外不再直观。

第四，适用范围受数据属性的制约。如上所述，如果所得数据不服从正态分布，那么多指标综合评价法所依据的计算逻辑就是不成立的。因此，在使用多指标综合评价法时首先要判断所得数据是否服从或趋向于服从正态分布。

第十七章　列举法

一、缘起

控制是管理的一项基本职能，社会组织管理实践中自然也需要开展各种各样的控制工作，比如要分析服务质量怎样、管理效果怎样、工作团队怎样，等等。

（一）服务质量怎样

作为公共组织的社会组织，需要用服务质量来赢得社会认可，也需要用服务质量来提升自己的竞争力。那么，社会组织需要从哪些角度研判自己的服务质量？对于已经实施的服务项目，可采用哪种方法对其质量进行评估？所开展的服务项目是否已经回应了服务对象和项目委托单位的需求，还有哪些不足，哪些方面需要改进？怎样做才能提高服务质量？

（二）管理效果怎样

好的管理能够产生好的效果，保证社会组织的可持续发展。对于社会组织管理者而言，自己的管理效果怎样？整个组织的管理水平处于何种层次？组织在管理方面还存在哪些问题和缺陷？组织成员对组织管理还有哪些期待？怎样做才能使组织管理更好、更有效？哪种方法能够帮助社会组织管理者回答上述问题？

（三）工作团队怎样

社会组织管理者需要经常评判组织的各个部门、各项目执行小组等工作团队。这既是实施奖惩的依据，更是发现问题、解决问题进而提升工作团队执行力的促进性举措。那么，怎样评价工作团队呢？工作团队在哪些方面还没有满足期待？怎样改进才能使工作团队效率更高？

列举法有助于社会组织管理者解决上述问题。简单而言，列举法追求“有逻辑地以量求质”，通过对特定对象的各种特性以有逻辑的方式进行分析、列举、研判，进而依据列举结果进行改进。因分析关切点不同，列举法可分为三类：属性列举法、希望点列举法和缺点列举法（如表 17-1 所示）。

表 17-1　列举法分类

分类	细分类型说明
属性列举法（特性列举法、特性表创想法）	强调在创造过程中观察和分析事物或问题的属性与特点，然后针对每项属性提出改良或改变的构想，一般事物属性分为名词属性、形容词属性和动词属性
希望点列举法	不断地提出“希望”“怎样才能更好”等理想和愿望，这些愿望的背后实际上是某种不满足，反映的是组织管理缺陷。依据希望和不满足探求解决问题的方案，找到改善组织管理的对策。此处的“希望”指的是创造性强且科学、可行的改进预期
缺点列举法	发现和发掘服务产品设计、服务供给方法和过程等方面的缺点并列举出来，然后针对缺点提出改进方案和措施

资料来源：么秀杰：《最有效的100个常用管理方法》，人民邮电出版社2013年版，第140页。有改动。

二、应用

（一）列举法的作用机理

第一，以量求质。列举法的最大特点就是尽可能地列举分析对象的属性、希望点和缺点，以求全面地认识分析对象，这也是创新、改进和完善的基础。“从渔网中漏掉的那条鱼很有可能就是最大的鱼”，同理，被忽略的内容可能就是影响管理和服务质量的关键之所在。只有尽可能地穷尽分析对象的属性、希望点和缺点，方能最大限度地保证“不漏掉大鱼”。列举法遵循的便是这种以量求质的分析思维。从这个角度看，列举法与头脑风暴法十分相像，因此也可以采用头脑风暴法来实现全面的列举。

第二，逻辑分析。以量求质更多强调的是“数量”，逻辑分析则强调“质量”。通过有逻辑地以量求质，可以更有效地实现列举法的分析目标。在应用列举法时，强调逐次研判分析对象的属性、希望点和缺点，回答“是什么”“可以是什么”“不应该是什么”等三个层面的问题，层次清晰、内容全面、逻辑性强。

第三，科学研判。列举法的核心不是简单列举，而是科学研判之后的列举，其间经历的是去粗取精、去伪存真等分析活动。必要时，可采用德尔菲法，通过多轮反复分析，逐步实现深度分析，取得一致的认识。

（二）列举法的应用程序

应用列举法，需要遵循如下步骤：确定分析对象、进行要素列举、属性或优缺点变换、提出改进方案（如图17-1所示）。

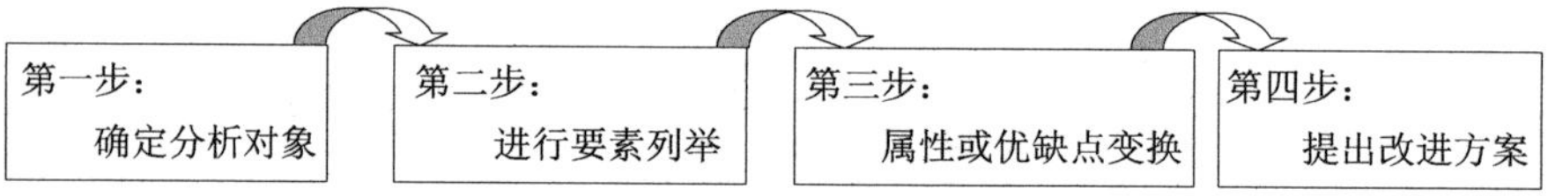

图17-1　列举法的应用程序

第一步，确定分析对象。对象的确定原则上具有任意性，只要有需要，即可将之作为分析对象。但实践中，社会组织需要根据服务市场前景和发展方向选择某个服务项目、服务方法、服务产品等作为分析对象，并将之作为改进的方向或完善的对象。换言之，要分析有意义的对象，讨论对社会组织发展有关键价值的对象。

第二步，进行要素列举。社会组织管理者组织相关人员对分析对象的属性、希望点和缺点进行分析，尽可能全面地列举。一方面，参与者结构要合理，应包括管理者、执行者、操作者、服务对象、专家等。另一方面，可采用头脑风暴法、问卷调查法等实现要素列举的周延性和完整性。

第三步，属性或优缺点变换。第二步更多地属于单纯列举，这一步则旨在对所列举的要素进行理性分析和研究。如与以前相比，分析对象的属性是否有进步，能否替代以前的功能？希望点是否符合社会组织的实际情境，能否成为改进管理服务质量的“金点子”，成为推动组织发展的“金钥匙”？缺点是否真的存在，这些缺点产生的原因是什么，社会组织目前是否具备改掉这些缺点（或问题）的基础，能否通过改掉缺点实现希望点？

第四步，提出改进方案。依据第三步的理性分析，回答如下问题：能否将期望属性与原有属性相结合，实现服务产品、服务过程以及组织管理的创新和发展？能否依据希望点和缺点，系统地提出改进设想，形成改进方案？

（三）应用列举法的注意要点

第一，做到具体与全面相结合。在应用列举法时，一方面，要具体针对某一特定事物，如服务产品、服务过程、组织管理，甚至某一种服务产品、某一个服务过程、某一方面的组织管理。只有做到具体，才能有针对性地展开分析，才能使分析更加深入。另一方面，要全面列举，既要全面列举分析对象的属性、希望点和缺点，又要全面列举分析对象每一层面的相关要素。只有做到全面，才能系统有效地展开分析，分析结果才能更加稳健可靠。

第二，实现批判与改进相结合。列举法的实效在于其兼有批判和改进两种面向，批判旨在找到问题及原因之所在，改进旨在找到发展之路径。因此，既要兼顾好的属性和不好的属性，又要兼顾希望点和缺点，还要兼顾要素列举与改进方案设计。

第三，追求多元主体相结合。在进行要素列举、研判和方案设计时，不能局限于单一思维，而应适度追求多元主体相结合，比如组织管理者、执行者（操作者）、服务对象、项目委托者、专家等各类主体的参与，以多元主体参与实现信息来源多元化和思维方式的互补，保证要素列举的全面性、分析结果的可靠性、方案设计的稳健性。

（四）列举法的适用范围

第一，适用于社会组织某种服务产品质量的改进，或者某项服务项目质量的改进。

第二，适用于社会组织整体管理效果的评价与改进，或者某一种管理的评估和改进，如人力资源管理、项目管理、财务管理，或者人力资源管理方面的薪酬管理、项目管理方面的质量管理、财务管理方面的成本控制等。

第三，适用于社会组织所属工作团队的评价与优化，或者是所属工作团队某一执行行动、服务方案的评价与改进。

三、评价

（一）列举法的优点

第一，易于操作，便于推广。列举法的应用难度较小，不需要特别、专门的操作技术（如计算机技术、数理统计技术、建模技术等），只要能够切实针对分析对象，将其属性、希望点和缺点详细列举出来并进行研判即可完成。这也使得列举法具有较高的推广性，可广泛应用于社会组织管理实践。

第二，适用广泛，实用性强。如上所述，列举法适用于服务质量管理、管理效果评价、工作团队优化等，这些都是社会组织管理的常规领域。可见，列举法的适用范围较广，实用性强。

第三，内容翔实，研判系统。从内容上看，列举法关注分析对象的属性、希望点和缺点，内容涵盖分析对象的各个层面。同时，在具体展开分析时，要求以量求质，尽可能列举每一层面的所有要素。这种全面性有助于分析者获得完整的信息，使改进方案更加科学合理。如果与头脑风暴法、德尔菲法等其他管理方法配合使用，将会取得更好的效果。

（二）列举法的缺点

一方面，列举法易陷入简单列举的陷阱，使分析流于表面，不能透过现象认识本质，无法深入研判分析对象。

另一方面，在列举各要素时，极可能获得互相矛盾的结论和信息，使分析小组成员无所适从。更为重要的是，不同身份的分析小组成员对事物的认识和评价存在差异。因此，相互冲突的信息和结论可能来自分析小组内部，致使分析小组无法达成共识。

第十八章　鱼骨图法

一、缘起

（一）问题分析

找到真正的问题，也就意味着问题解决了一半。只有充分把握了问题的本质及其特性，才能为解决问题寻找措施、设计方案。那么，社会组织如何查摆问题，并分析问题的特性呢？从哪些角度来分析问题、了解问题的特性呢？

（二）原因探讨

找到问题的真正原因，才能提升解决措施和行动方案的针对性、有效性，这是任何一个社会组织管理者都知道的。但在调研过程中，很多社会组织管理者却抱怨：组织结构管理、项目管理、品牌管理、质量管理、人力资源管理、财务管理等都可能出现问题，这些问题也很容易被识别，但是需要从哪些角度分析和查找问题的原因呢？有没有专门用于分析问题原因的管理方法呢？

鱼骨图法在识别问题、探讨原因方面具有优势。鱼骨图法还被称为因果图法、石川图法、特性要因图法，其主要目的在于分析某种事物的特性

（明确问题之所在），进而查找影响特性、诱发问题的各种原因。

二、应用

（一）鱼骨图法的作用机理

如图18-1所示，鱼骨图法的主分支两边有多个中分支，每一个中分支还有多个小分支，小分支又与多个子分支相关联。这些不同的分支意味着鱼骨图法从多重角度查找原因，遵循多元化思维；分支的不同级别则意味着导致问题的原因有多个层次，遵循多层次思维。

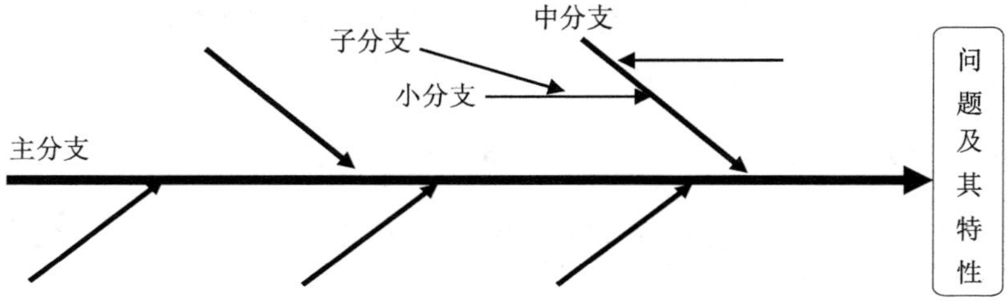

图18-1　鱼骨图法的构成要素

资料来源：么秀杰：《最有效的100个常用管理方法》，人民邮电出版社2013年版，第122页。

一方面，决策的理性化水平取决于方案与问题的契合程度。问题是方案的起点，不针对问题的方案不仅对问题的解决于事无补，而且可能会“添乱”，带来负面效应。从这个角度讲，方案应该直接针对问题及其原因，与问题及其原因之间存在因果关联，这是科学方案的内在理性逻辑。鱼骨图法正是遵循这一理性逻辑，将关注点放在问题的特性及原因的查找之上，并据此制定行动方案。

另一方面，问题的原因具有多元性和多层次性。事物之间具有普遍联系的客观特性，社会组织所面临的问题也是一样，一个问题往往是由多种原因所引发的，如果只针对一个原因采取措施，问题解决的效果不会很好，只有针对多种原因采取“一揽子”解决方案，才能有效解决问题。同时，多种原因之间也存在多层关联，有重要的、根本性的原因，也有次要的、非根本性的原因；有直接的原因，也有间接的原因。不同的原因又由各种其他因素而诱发。总之，应以多元化和多层次的思维方式来分析问题的原因。鱼骨图法秉持的就是这种思维。

（二）鱼骨图法的应用程序

首先，需要明确具体要分析和研究哪个问题，且要分析这一问题的特性。

其次，有逻辑地查找导致问题产生的原因。既要尽可能地查找所有原因，还要追根溯源，寻找导致原因出现的原因；既要审视是否有遗漏或重复的原因，又要确定各层次的原因之间是否存在真的因果关联；既要分析每一种原因对问题的具体影响，又要抓住重点，寻找重要的、关键的原因。

最后，依据原因分析，提出解决问题的方案。

鱼骨图法的具体应用步骤，详见图18-2。

确定问题	分析社会组织现存哪些问题，确定要研究哪个问题，将其写在白纸的右侧，并用方框框起来（如图18-1所示）
确定要因主分支	从左到右画出一条水平的粗箭头，箭头指向右侧框中所需要研究的问题及其特性，作为主分支
确定中分支	尽可能地找出导致问题产生的主要原因，在主分支箭头两旁画上中分支，一个中分支代表一个原因，在中分支的末端注明原因名称
进一步分析原因	对主要原因追根溯源，找出其产生的所有原因，将这些原因写在各中分支的小分支上，同时将导致小分支产生的原因记入子分支（如图18-1所示）
检查原因	细致检查所有原因，查看是否有遗漏或重复的原因，并研判各分支之间的逻辑关系是否合理，确保存在因果关系，且因果关系不被倒置
找出重要原因	分析数据，找出对社会组织现存问题有重大关键影响的原因，用特殊符号标出。据此提出解决问题的方案
记录必要事项	鱼骨图制作完成后，将鱼骨图名称、绘制时间、绘制人姓名、绘制目的等参考事项记在鱼骨图中

图18-2　鱼骨图法的应用程序

资料来源：么秀杰：《最有效的100个常用管理方法》，人民邮电出版社2013年版，第122—123页。有改动。

（三）应用鱼骨图法的注意要点

第一，原因列举要全面。鱼骨图法的核心目的是查找导致问题产生的原因。因此，在列举原因时，要尽可能地全面、周延。分析者要有一个开放的思维，从各个角度、各个层面来查摆原因，防止遗漏，如可从人、财、物、信息、制度、技术等层面来思考。为实现全面列举，可以引入头脑风暴法、是/非矩阵分析法、德尔菲法等。

第二，因果关系要真实。在社会组织管理实践中，经常出现“用科学方法解决错误问题”的现象[①]。这是因为在设计行动方案时没有找准问题及其原因，将虚假问题和虚假因果关系作为设计行动方案的依据。所以，在应用鱼骨图法时，除了要注意原因列举的全面性，更要注意因果关系的真实性，将真正的原因找出来。这要求细致分析、反复检视。

第三，参与主体要多元。知识背景、实践经历、所处岗位等方面的差异，导致人们对问题及其诱因的认识常常存在差异，甚至截然相反。如果仅由一种或少数几种主体来列举和审视原因及因果关系，分析结果就可能会出现偏差。因此，运用鱼骨图法时，要注意通过集体分析和多元理性来规避单一理性认识的偏狭，提高原因列举的深度和广度，进而提高因果关系分析的可信度和有效性。

（四）鱼骨图法的适用范围

第一，鱼骨图法适用于改进与完善举措的设计。因为鱼骨图法专注于问题及其原因的分析，所以社会组织管理实践中涉及改进和完善的工作，都可以采用鱼骨图法。比如某种服务产品质量的改进，或者某项服务项目质量的改进，组织整体管理效果的评价与改进，所属工作团队的评价与优化等。

第二，鱼骨图法适用于控制和纠偏职能的实现。控制是组织管理的基

① 徐彬、安建增：《公共政策概论》（修订版），安徽师范大学出版社2016年版，第55页。

本职能之一。鱼骨图法虽然直接针对问题及其原因进行分析，但实际上其源于对问题的感知和确认。因此，鱼骨图法在本质上属于控制和纠偏的方法。

第三，鱼骨图法适用于服务对象的需求分析。社会组织属于公共组织，肩负公共使命，提供公共服务。为了提高公共服务的针对性，回应公众的需求，面向服务对象进行需求分析是社会组织最常见的行为之一。而需求往往产生于服务对象所面临的问题与困境，因此在分析服务对象的需求、查找服务对象面临的问题时可以利用鱼骨图法。鱼骨图法有助于社会组织找到导致服务对象陷入困境的真正原因，便于社会组织设计更具有针对性的服务方案。

三、评价

（一）鱼骨图法的优点

第一，追根溯源，多层析因。鱼骨图上有主分支、中分支、小分支和子分支，这体现的是鱼骨图法追根溯源的特点，不仅要分析导致问题产生的第一层原因，而且要对第二层、第三层原因进行探析，旨在获得更为充分、更为全面、更为深入的结果，进而为问题的分析、方案的设计提供准确依据。

第二，有主有次，关注关键。鱼骨图法遵循“重点论”思维，在开展问题分析时不仅注意检视有没有遗漏和重复的原因，而且重视研判原因的重要程度，区分主次，重点发力。可以这么说，解决问题需要付出相应的成本，包括人力成本、财物成本、时间成本等，同时问题也有轻重缓急之分，因此在社会组织资源有限的前提下，只能选择最为关键、最为迫切的问题予以解决。从这个角度看，鱼骨图法能够为社会组织的资源配置提供合理依据。

第三，操作简单，利于推广。鱼骨图法内容聚焦、便于学习和运用；

同时，鱼骨图法无须繁杂的数据处理和模型建构，操作起来较为简单。因此，鱼骨图法很容易被社会组织管理者所掌握和使用。

（二）鱼骨图法的缺点

没有包治百病的药，也没有能打开一切锁的钥匙，自然也没有“包打天下”、完美无缺的管理方法。鱼骨图法也存在不足：面对较为复杂的问题，所绘制的鱼骨图将会十分零乱，不利于判别；原因的类型、原因之间的关系、原因的重要程度，在不同的分析者看来是不同的，甚至分歧巨大，如果这种分歧产生于分析小组内部，将会使分析结果难以产生。

主要参考文献

[1]白少飞.慈善组织能力建设[M].北京:中国社会出版社,2014.

[2]崔向华,张婷.非营利组织管理导引与案例[M].北京:中国人民大学出版社,2013.

[3]付亚和,许玉林.绩效管理(第二版)[M].上海:复旦大学出版社,2013.

[4]韩俊魁.非营利组织项目管理[M].北京:社会科学文献出版社,2015.

[5]韩燕雄.管理基础与实务[M].南京:南京大学出版社,2017.

[6]胡象明.公共部门决策的理论与方法(第三版)[M].北京:高等教育出版社,2016.

[7]刘春湘.社会组织运营与管理[M].北京:经济管理出版社,2016.

[8]刘亚萍.绩效管理方法与工具[M].北京:中国劳动社会保障出版社,2013.

[9]民政部社会组织服务中心.社会组织治理实务操作手册[M].北京:中国社会出版社,2019.

[10]孙军.项目管理(第二版)[M].北京:机械工业出版社,2015.

[11]陶长琪.决策理论与方法[M].北京:中国人民大学出版社,2010.

[12]王国华,梁樑.决策理论与方法(第二版)[M].合肥:中国科学技术大学出版社,2014.

[13]魏娜.公共管理的方法与技术(第二版)[M].北京:中国人民大学出版社,2011.

[14]西武.管理方法:100年来最具影响力的28个经典法则[M].北京:电子工业出版社,2013.

[15]徐本亮.社会组织管理精要十五讲[M].上海:上海社会科学院出版社,2018.

[16]徐家良.社会组织的结构、体制与能力研究[M].北京:中央编译出版社,2012.

[17]么秀杰.最有效的100个常用管理方法[M].北京:人民邮电出版社,2013.

[18]于显洋.组织社会学(第三版)[M].北京:中国人民大学出版社,2016.

[19]张玉玲,刘惠苑.社会组织管理实务[M].西安:西北工业大学出版社,2017.

[20]赵涛.管理学常用方法[M].天津:天津大学出版社,2006.

[21]周俊.社会组织管理[M].北京:中国人民大学出版社,2015.

[22]朱国云.组织理论:历史与流派(第二版)[M].南京:南京大学出版社,2014.

后　记

在新时代，我国经济社会的深刻变革、国家治理体系的现代化都给社会组织的成长提供了契机和良好的条件。外部环境会影响社会组织的发展趋势，而内部管理则是社会组织现代化发展的内在需要，是社会组织成长发展的内在条件和基本保证。然而，我国的社会组织当前在整体上还处在一个初级发展水平，社会组织的内部管理水平普遍不高，这直接影响到社会组织的社会公信力、运行效率、功能发挥以及未来发展。完善社会组织的内部管理，关键在于运用科学的管理方法。目前国内出版的介绍社会组织内部管理方法的研究成果少之又少，无法满足社会组织管理实践的需要。因此撰写一本介绍社会组织内部管理方法的书，帮助社会组织管理者掌握社会组织内部管理的方法与技术，必将有益于提高社会组织的内部管理水平，推动社会组织的发展。而这正是笔者写这本书的动机。

在本书出版之际，我首先要感谢我的导师——西北大学公共管理学院许琳教授。许老师把我领进学术的大门，且这么多年来一直给予我非常有益的鼓励和教导。

我还要感谢在调研时给予我很多帮助的各个社会组织的负责人和工作人员，是他们给了我很多社会组织内部管理需要什么方法的启发。

感谢安徽师范大学历史学院顾凌书记和科研处处长徐彬教授的鼓励和鞭策；感谢安徽师范大学“社会组织研究团队”的安建增、叶德明、孔卫拿、李薇薇、徐佳、夏春、朱丽霞、钟颖和丁建文，团队成员的交流研讨、资料共享对我的帮助很大；感谢我的研究生姚冉、王云燕、周婷婷、盛尔杰、史碧波等在案例调查、资料整理和书稿校对等方面的帮助。

尤其要向安徽师范大学出版社陈贻云编辑表示谢意，感谢陈贻云编辑在本书的写作和出版过程中所给予的热情帮助和专业支持。

最后我还要感谢家人的支持和理解。

受精力和能力所限，书中难免会存在不成熟、不全面，甚至不正确的地方，欢迎广大同行、读者批评指正，共同探讨，以进一步推动社会组织内部管理方法的研究。

何 晔

2021年7月